KB263687

실록 윤석열 시대

일러두기

* 등장인물의 직함은 회차 별로 처음 등장할 때만 표기했습니다.
* 익명 취재원은 회차 또는 소주제별로 A부터 알파벳 순서대로 표기했습니다.

실록 윤석열 시대

별의 순간부터 탄핵까지
두 개의 태양, 비극의 서막

박진석 현일훈 김기정

The JoongAng Plus

"그 저작은 90%는 사실을 담고 있으면서 100% 무용하다."

영국 역사학자 A. J. P. 테일러_{Alan John Percivale Taylor}는 이 말을 통해 특정 의도로 일부 '사실'만 취사선택한 뒤 연결해 문서화하면 '진실'과 거리가 먼 형태로 왜곡될 수 있음을 경계했다. 먼 훗날 '사초'로 활용될 수 있는 '기사'를 쓰는 입장에서 명심해야 할 춘추필법의 태도다.

중앙일보 기자인 저자들 역시 그 금과옥조를 가슴에 품은 채 취재를 시작했다. 그러나 이번 저술 과정에서 운동장의 표면적 기울기를 맞추는 건 꽤나 힘든 작업이었다. 저자들이 취재원들로부터 취합한 사료_{史料}의 상당 부분이 윤석열 전 대통령과 김건희 여사 부부에게 부정적인 내용이었기 때문이다. 그걸 글로 엮는 과정에서 직면한 직업병적 균형 잡기 강박과 원죄 의식이 한동안 저자들을 괴롭힌 이유다.

저자들은 이 문제를 해소하기 위해 '고발'에 가까운 그 부정적 증언들을 윤 전 대통령 부부 편에서 반박하고 맞받아칠 이들을 추가로 물색했다. 그리고 그들로부터 확보한 증언을 본문에 최대한 반영했다. 그러고 난 뒤에야 재료를 최대한 많이 모아 맛깔나는 음식으로 만든 뒤 독자에게 대접하는 데 주력할 수 있었다.

저자들은 멀게는 2000년부터 가깝게는 2025년 8월까지 검찰, 국민의힘, 대통령직인수위원회, 대통령실 등을 출입하면서 윤 전 대통령과 그의 사람들을 오랫동안 지켜보고 취재해왔다. 그 토대 위에서 몇 개월간 '윤석열 정권'과 '윤석열 검찰'의 핵심 인사 60여 명을 따로 만나 기존 지식의 진위를 확인하고 새로운 사실들을 발견했다.

취재원은 말단 행정관부터 최고위급에 이르는 다양한 층위의 옛 정권 참모와 각료, 이른바 '윤핵관'부터 '친한계'까지를 포괄하는 광역 스펙트럼의 옛 여당 인사, 초임 검사 때부터 검찰총장직을 내려놓을 때까지 '검사 윤석열'의 모든 것을 지켜본 선후배 검사 등 그야말로 다양했다. 그들은 내밀한 이야기를 꽤 많이 털어놓았다.

그리하여 폭주를 거듭하다가 스스로 몰락한 권력자와 그 행동의 많은 부분에 있어서 동기로 작용한 것으로 의심되는 배우자의 이야기'라는 중심 뼈대 위에 다양하고 풍성한 살을 붙여 한층 입체적인 모양새를 만들 수 있었다.

그 결과물이 2025년 9월 15일부터 11월 27일까지 중앙일보의 프리미엄 유료 구독 서비스 '더중앙플러스'에 연재한 〈실록 윤석열 시대〉다. 저자들은 그 저본底本을 수정·보완해 한 권의 책으로 묶어 냈다.

책에는 윤석열·김건희·한동훈·장제원·권성동·김용현·안철수·홍준표·유승민·이준석·오세훈·김종인·건진 법사·천공·명태균 등 옛 정권의 주요 인물들이 대거 등장한다. 그들은 조국 수사와 그로 인한 고난, 그 가운데 싹튼 대권 도전의 의지, 우여곡절투성이였던 선거운동과 당선, 극적인 단일화와 허망했던 '공동정권'의 좌절, '김건희 욕설 사건'으로 대변되는 노골적 권력 투쟁, 급작스러운 대통령실의 용산 이전과 무속 논란, '깜짝 스타' 한동훈의 등장으로 이어지는 굵직한 사건들 속에서 긍정적이든 부정적이든 종횡무진 활약한다.

취재 내용을 왜곡하지 않는 선에서 딱딱한 기사체 대신 쉽고 재미있게 술술 읽힐 수 있는 이야기체로 글을 구성했고 새 팩트와 일화들을 최대한 많이 담으려고 노력했다. 이 책 다음의 이야기가 궁금하다면 2026년 1월부터 '더중앙플러스' 연재를 시작할 〈실록 윤석열 시대 시즌 2〉를 접하길 권해본다.

기사를 연재하고 책으로 엮는 과정에서 취재를 도우며 격려를 아끼지 않은 중앙일보 선후배들에게 감사드린다. 특히 핵심 팩트를 발굴해 전해준 최선욱, 전민구 기자는 사실상의 공동 저자다. 사

이버 공간을 떠돌다 명이 다했을 글줄을 멋진 책으로 엮어준 중앙
북스 여러분께도 사의를 표한다.

　무엇보다도 무슨 대단한 일을 한답시고 늘 나돌아다니는 저자들
을 넓은 아량으로 감싸고 이해하며 지원해준 가족에게 가장 큰 감
사와 사랑을 전한다. 박지오·현유진·김태하, 그리고 '봄이'를 비롯
한 미래 세대가 조금 더 상식적이고 조금 더 조화로운 세상을 살아
가는 데 있어서 이 책이 티끌만 한 공헌이라도 하게 된다면 더 바랄
것이 없겠다.

2025년 12월 저자 일동

차례

실록 윤석열 시대

01

슬리퍼 신고 나타난 김건희…
폴란드 호텔, 충격의 훈시

- 프롤로그 -

"장관님, 대통령님께서 부르십니다."

소파에 몸을 내던지며 넥타이를 잡아 풀던 A가 동작을 멈췄다. 짧디짧은 동구東歐의 여름밤, 부지런한 새벽 햇빛과 시차의 방해를 피해 몇 시간이라도 숙면을 취하려던 계획은 수포가 됐다.

'공군 1호기'가 폴란드 쇼팽 국제공항에 도착한 건 몇 시간 전, 보다 구체적으로는 2023년 7월 12일 오후 6시(현지시간)였다. A는 그가 모시던 윤석열 대통령과 함께 그로부터 이틀 전인 7월 10일 리투아니아에 도착해 북대서양조약기구NATO 정상회의 참석 등 빡

2023년 7월 10일 나토 정상회의 참석을 위해
리투아니아 빌뉴스 국제공항에 도착한 윤석열 대통령과 김건희 여사.
문제의 사건이 발생한 건 그로부터 이틀 뒤였다. 사진 | 대통령실

빠한 일정을 소화한 상태였다.

대통령은 대규모 순방단을 이끌고 있었다. A를 포함한 국무위원과 대통령실 참모들은 물론이고 89개 기업과 단체로 구성된 경제 사절단까지 동행했다. 폴란드를 비롯한 동유럽 국가들이 부쩍 관심을 보이던 한국의 방위산업과 원전 등을 대대적으로 홍보하기 위해서였다.

예정에 없던 대통령의 호출은 A를 불안하게 했다.

'대규모 순방인데도 성과가 적다고 질책하시려는 건가?'

A는 내려놓은 긴장감을 다시 장착하고 풀어헤친 넥타이를 다시

올려맨 뒤 대통령의 이동 집무실 겸 숙소인 그 호텔의 최고급 객실로 향했다. 검문 검색 후 그 공간에 들어선 A는 일단 안도했다. 불려온 건 그만이 아니었다. 장관, 참모들이 이미 빼곡하게 자리해 있었다.

대통령은 테이블 한가운데에서 그들을 맞았다. 다행히도 표정이 밝았다. 자리가 어느 정도 찼다고 판단한 대통령이 목을 풀기 시작했다. '지방 방송'이 일제히 소거되면서 그 공간은 바늘 떨어지는 소리까지 들릴 정도로 조용해졌다.

바로 그때 그 진공의 침묵을 깨고 사각거리는 소리가 들리기 시작했다. 옷감이나 가죽이 딱딱한 물체를 스칠 때 나는 듯한 그 마찰

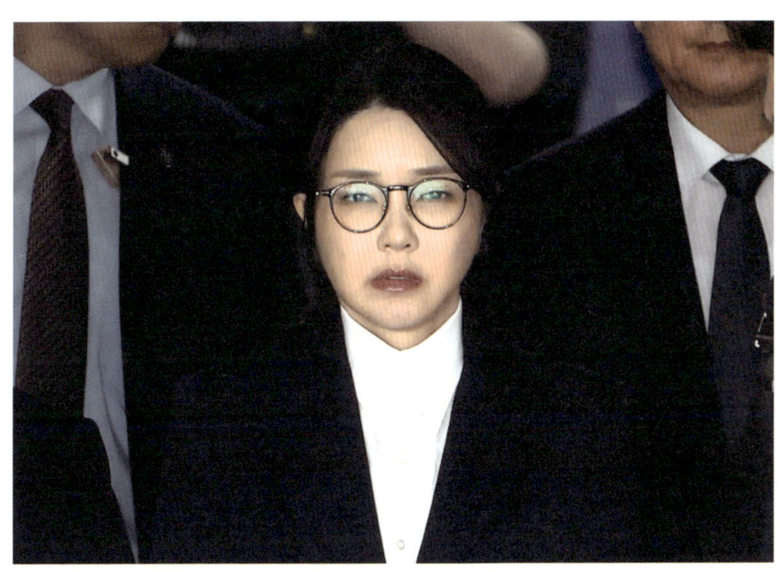

2025년 8월 12일 영장실질심사를 마치고 서울중앙지법을 나서는 김건희 여사. 구속 수감되기 몇 시간 전, 그가 고개를 들다가 우연히 국민과 눈높이를 맞췄다.

음은 규칙적이었다. 소리는 점점 커졌고, 점점 가까워졌다. 그건 슬리퍼에서 나는 소리였다. 그걸 신은 채 모습을 드러낸 건 김건희 여사였다. 그 직후 모두가 깜짝 놀랄 일이 벌어졌다.

"이 사람은요!"…
경악할 '여사'의 한마디

대통령은 준비했던 말을 내뱉을 수 없었다. 영부인이 선수를 쳤기 때문이다. '여사'가 입을 열고 말을 시작한 순간 A를 포함해 그 자리에 모인 대한민국의 최고위 공직자들은 일제히 놀라지 않을 수 없었다. 여사의 입에서 나온 건 덕담이 아니었다. 훈시였다.

윤석열 정권의 성공을 위해 헌신하고 더 노력해야 한다는 취지의, 흡사 대통령 훈시를 방불케 할 정도의 발언이 이어졌다. 말이 길어지고 화자話者가 말에 취해 흥분하기 시작하면서 표현은 거침없어졌다. 그리고 위험 수위를 넘어서기 시작했다.

"이 사람은요, 나 때문에 대통령 된 거예요! 이 사람은 저 아니었으면 힘들었어요!"

모두가 뜨악했지만 아무도 그걸 제지하려 하지 않았다. 누가 감히? 대통령조차 아무 말 없이 부인의 발언을 경청하고 있는 마당에 말이다.

그렇게 여사의 연설은 10분 이상 이어진 뒤에야 겨우 멎었다. 대통령이 바통을 넘겨받았지만, 참석자들의 뇌리는 이미 그들이 목격한 충격적 장면과 발언들로 가득 차 있었다. 그 '김건희 주재 국무회의'가 끝난 뒤 국무위원들은 삼삼오오 무리를 지어 자신들의 방으로 이동했다. 그 짧은 이동의 순간, 모든 무리의 대화는 동일한 질문에서 시작했다.

"저래도 되는 거예요?"

물론 저러면 안 되는 것이었다. 그러나 엄연히, 버젓이 벌어진 일이었다.

윤석열은 영웅이었다. 검사 시절 국정원 댓글 수사를 하면서 '박근혜 정권'을 정면으로 들이받았다. 그 시절 모진 박해 속에서 남긴 "사람에 충성하지 않는다"는 말은 국민에게 강한 인상을 남겼다.

검찰총장이 된 뒤에는 '조국 수사' 등을 통해 '문재인 정권'과 강한 파열음을 냈다. 시퍼렇게 눈 뜬 채 살아 있는 절정기의 권력을 치받은 그에게 국민은 카타르시스를 느꼈다.

"국민의 부름을 숙명으로 받들겠다"는 일성으로 시작한 대선에서 그는 무너진 법치와 공정의 가치를 다시 세우겠다는 의지를 피력하며 마침내 대업을 이루게 됐다.

대통령이 된 이후에도 정치적 도구로 이용당하며 망가졌던 한일 관계를 되살렸고, "카르텔 분쇄"를 외치며 때묻은 기득권과 싸워나갔다. 여소야대의 철저히 불리한 환경에서도 일체의 타협 없이 제 길을 걷는 뚝심을 보였다. 그러나 시간이 흐를수록 그 길은 철저히 그 혼자만의 길이 돼버렸다.

발 딛고 설 공간이 좁아지자 그는 어이없게도 비상계엄을 돌파구로 선택하면서 스스로 몰락했다. 도대체 어떤 단추부터 잘못 꿰었던 걸까. 수많은 몰락 원인 중 큰 비중을 차지한 것이 '여사'였다.

서두의 일화는 상징적 장면이다. 그 정권의 외양은 '윤석열 정권'이었지만, 실질은 '윤석열·김건희 공동 정권'이었다고 해도 과언이 아니다. 김건희의 의식 속에서나, 현실화한 양태에서나 그건 부인할 수 없는 사실이었다. 그는 남편이 대통령이 될 무렵, 이미 주변에 그걸 공언했다.

승리의 그날, '비선'이 '커밍아웃'했다

"선생님, 우리 5대5하기로 했어요. 인사권, 공천권!"

정치 브로커 명태균 씨는 지난 2025년 8월 MBC와의 인터뷰에

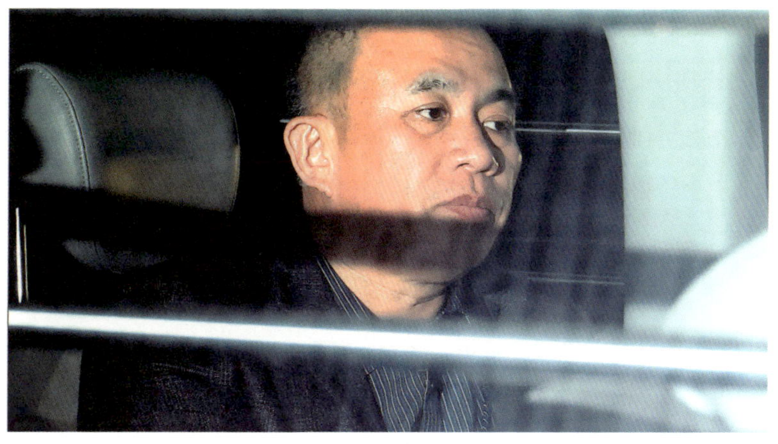

명태균 씨가 2024년 11월 14일 창원지법에서 영장실질심사를 받은 뒤
창원구치소로 이동하고 있다. 그는 다음날 새벽 구속됐다.
"(나를 구속할 경우) 한 달이면 윤 대통령이 하야하고 탄핵될 텐데 감당이 되겠나"라고
큰소리쳤던 그다. 그가 구속된 지 한 달도 안 돼 대통령은 비상계엄을 단행해 스스로 몰락했다.

서 김건희가 이렇게 말했다고 주장했다. 그게 허언이 아니었다는 정황은 속속 드러나고 있다. 그리고 대통령에게는 그걸 저지할 의사와 능력이 없어 보였다.

'영부인'은 대통령 배우자에게 국민이 부여하는 '당연직'이자 '명예직'의 호칭일 뿐이다. 국정에 관여할 수 있는 법적 근거는 당연하게도 없다. 그런데도 직전 영부인은 인사 등 국정에 관여했다는, 짙은 의혹을 받고 있다. 이른바 '김건희 특별검사팀'은 아예 공소장에 김건희를 "윤석열 전 대통령의 배우자로서 대통령의 직무에 해당하는 각종 국정 운영에 직간접적으로 관여한 사람"이라고 적시했다.

모든 비극과 사달, 동티의 근원이었다.

떳떳하지 못한 국정 개입에는 자연스레 어둠의 비선秘線이 동행한다. 은밀한 행위를 공식 라인을 통해 백주에 할 수는 없기 때문이다. 위법 행위에의 관여 여부를 떠나 윤석열 정권의 비선은 놀라울 정도로 광범위한 영역에 포진해 있었다.

정치인, 언론인, 종교인은 말할 것도 없고 무속인과 역술인, 절친한 친구의 아들, 정체불명의 무용가, 이웃사촌인 학자 등 최순실 등의 기존 유명 비선과도 양과 질 모두에서 차원을 달리했다. 그 비선은 대선 기간 서울 서초동 서희타워, 신사동 예화랑, 서초동 정명빌딩 등 음지에서 은밀하게 활동하다가 '주군'의 당선이 확정된 순간 일제히 양지로 올라왔다. 의원 보좌진 출신으로, 대통령직 인수위원회에서 일했던 B는 취재팀에 다음과 같이 말했다.

"경선, 본선 캠프는 물론이고 기존에 여의도에서 전혀 보지 못했던 사람들이 인수위를 활보하고 있었어요. 인수위 행정실의 경우 절반 이상은 모르는 사람들로 채워졌죠. 김건희 여사 등을 통한 '비선 라인'이 존재를 드러낸 것 아닌가 짐작했었죠."

그들은 그렇게 인수위를 통해 '커밍아웃'한 뒤 용산에 진입하거나 그 주변부에서 암약하면서 정권 내내 윤석열·김건희 부부의 수족이 됐다.

비선이 아닌 이들에게는 두 가지 선택지가 있었다. 드렁칡처럼

윤석열 정권 비선의 상징적 존재였던 '건진 법사' 전성배 씨가
2025년 8월 18일 김건희 특검팀 사무실로 향하고 있다.

비선 세력과 얽혀 부부에 대한 충성을 맹세하면서 출세가도를 달리거나, 비선과 맞서다 적으로 규정돼 잘려나가거나. 하긴 '눈·귀·입을 가린 채 보지도, 듣지도, 말하지도 못하는 척하면서 연명한다'는 제3의 선택지도 있긴 했다.

선택의 기로에 섰을 때 권력의 향배에 민감한 실력자 중 그 비선과 이해관계 및 행동을 함께하는 이들이 점점 늘어났다. 그 결과 대통령실과 여당, 내각에는 공식 직함과 무관하게 그들 부부의 사적 이익과 명예를 위해 복무한 이들이 넘쳐났다. 반면에 정권과 나라에 대한 충심에 기반한 결기를 참지 못하고 충언했던 이들은 적으로 규정돼 순차적으로 잘려나갔다.

그렇게 잠재적 견제 세력이 뽑혀나간 용산과 여의도에는 부부에게 충성하거나 부부의 행위를 방조하는 이들이 다수를 차지했다. 그리하여 꼬리가 몸통을 흔들기 시작했다. 비선이 공선公線을 압도한 것이다.

세가 불리해진 공식 라인, 특히 정치적 주변머리가 부족한 '늘공'(오랫동안 공무원 생활을 한 직업 공무원)이나 학자 출신 참모들은 감히 비선을 건드리지 못했다. 레드팀 구성이나 제2부속실 설치, 특별감찰관 임명 등 견제책 도입을 모의한 적도 있었지만 커트당하기 일쑤였다. 어찌어찌 공론화에 성공하더라도 '여사 라인'의 '끝판왕'이라 해도 과언이 아닐 이, 즉 대통령을 넘을 수는 없었다.

'여사 라인'의 '끝판왕'은 대통령이었다

"가스라이팅 아니냐"는 지적이 나올 정도로 심리학적 연구 대상이 될 법한 '대통령의 여사 사랑'은 모든 비이성적 행위의 기저에 자리 잡고 있었다는 의심을 받고 있다. 윤석열은 김건희에 대한 비판을 단 한 줌도 참아내지 못했고, 영부인을 '올바르게' 보좌하려는 최소한의 제도 도입 시도에도 '격노'로 답했다.

여사를 견제하고 비판하던 이들은 모두가 대통령의 적이었다. 그건 야당은 물론이고 여당을 포함한 정치권 전체, 몇 안 되던 직언

2024년 10월 21일 서울 용산 대통령실 앞 파인그라스에서 윤석열 대통령이
정진석 대통령비서실장이 배석한 가운데 한동훈 국민의힘 대표를 면담하고 있다.
한 대표는 당시 대통령과의 독대를 요청했지만 대통령은 비서실장 배석과
권위적인 자리 배치 등을 통해 철저히 자신이 윗사람임을 주지시켰다.

참모, 기성 언론에 대한 혐오로 이어졌다. 그리하여 그는 최후의 회생 수단이던 총선까지 걷어찬 뒤 극우 유튜버가 키운 과대망상 속에서 입안의 혀처럼 굴던 일부 총신龍臣의 감언이설에 빠져 허우적 댔다. 그러고는 비상계엄이라는 대형 사고를 치면서 스스로 대형 부조리극의 종지부를 찍었다.

특별검사팀의 수사가 진행되면서 윤석열 정권의 백태와 비상계엄의 실체가 조금씩 드러나고 있다. '여사의 국정 개입'과 '여사 보

호를 위한 비상계엄의 단행' 역시 추정과 의심의 영역에서 법적 판단의 영역으로 옮아가고 있다. 수사가 마무리되고 재판이 종결되면 두 사람을 둘러싸고 제기된 많은 의혹이 '실체적 진실'의 형태로 판결문에 담겨 후세에 전해질 거다.

'실록 윤석열 시대'를 시작하며

그런데 그것만으로 충분한 걸까. 범법, 위법의 영역에 해당하지 않거나 입증이 부족해 공소장과 판결문에 담기지 못할 그 수많은 의혹과 의문들은 그냥 묻어둔 채 지나가도 되는 걸까.

그런 물음에 대한 답을 조금이나마 얻기 위해 동분서주하는 게 기자라는 업業의 본질이다. 중앙일보 기자인 저자들이 지난 정권의 핵심부와 그 주변부에서 일했던 수십 명의 인사를 만나 그동안 용산에서 은밀하게 공연됐던 무대 위의 비극과 막후의 희극을 광범위하게 채집한 이유이기도 하다. 지금부터 그 채집물 보따리를 조금씩 풀어볼 생각이다.

그 시작과 서두의 몇 회분은 김건희에게 할애된다. 물론 모든 책임을 '여사'에게 지우는 건 부당한 일이다. 정권 몰락의 가장 큰 원인은 결국 대통령 본인이다. 앞으로 이 책이 풀어나갈 이야기의 대부분도 윤석열과 관련된 내용이다.

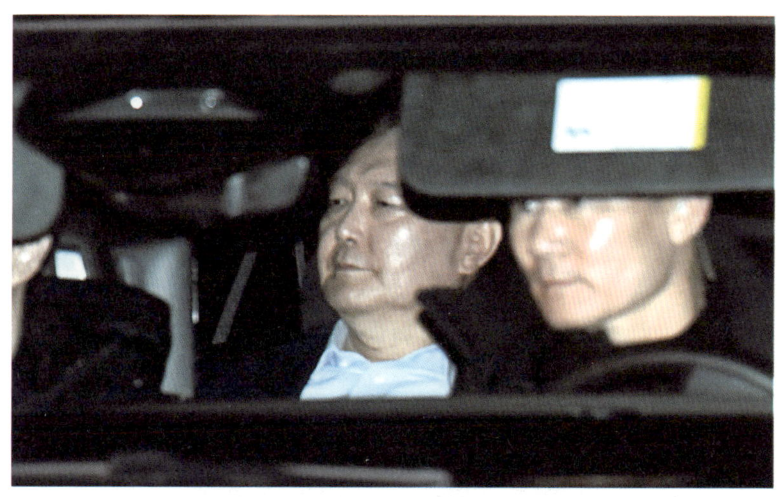

2025년 1월 15일 밤 서울구치소로 이동하고 있는 윤석열 당시 대통령.
파란만장한 체포 작전 끝에 겨우 공수처에 체포돼 첫 조사를 받고 난 이후의 모습이다.

그런데도 김건희로 이 책을 시작하는 건 앞서 언급한 대로 영부인과의 관계에 대한 이해 없이 전직 대통령의 그 모든 요령부득의 언행을 해독하기는 어렵기 때문이다. 그리하여 책은 윤석열이 김건희를 처음 만났을 때의 이야기를 다루면서 본격적으로 막을 올린다.

02

尹, 그 유명 여배우도 마다했다…
"김건희 고단수" 혀 내두른 사연

- 김건희 1 -

"아니, 글쎄 생각이 없다니까요!"

2011년의 어느 날 서울 서초동 대검찰청에서 윤석열 당시 대검 중수과장이 진땀을 흘리고 있었다. 그는 동료 검사 A의 권유를 누차 거절하고 있었다. 호의에서 비롯된 권유였던 터라 거절은 쉽지 않았다. 게다가 그 권유자는 매우 끈질겼다.

"아니, 왜 안 만나겠다는 거예요? 그 사람 몰라요? TV에서 많이 봤잖아요. 정말 좋은 처자라니까요!"

2012년 3월 11일 열린 윤석열 전 대통령과 김건희 여사의 결혼식 장면.
사진 | 유튜브 '출동153 라이브' 커뮤니티 캡처

A가 윤석열에게 재삼재사 권한 건 소개팅이었다.

당시 겨우 부장검사였던 윤석열은 동료들 사이에서 이미 '검찰 총장'으로 통했다. 다만 그건 검찰 총수의 호칭이 아니라 '검찰 총 각대장'의 줄임말이었다. 만 51세, 예전 같으면 손주를 볼 수도 있 는 나이였지만 그는 그때까지 가정을 꾸리지 못했다.

이성을 만날 기회가 적었던 건 아니다. 친화력 좋은 마당발인 그 는 지인이 많았고, 자연스레 그를 '구제'하려는 이들이 줄을 섰다.

"윤 전 대통령이 결혼할 때까지 소개팅이나 선을 통해 여성을 150명

젊을 때부터 그를 잘 알고 지낸 법조계 인사 B의 전언이다.

좀처럼 인연이 이어지지 않았지만, 그의 소개팅 행렬은 끊이지 않았다. 그러다가 어느 순간, 어쩐 일인지 그가 소개팅 제의를 거절하기 시작했다. 노총각이라고 표현하기도 민망했던 50대 미혼자가 '감히' 퇴짜 놓은 대상 중에는 이름만 대면 알 법한 유명인들도 적지 않았다. A가 권했던 여성 역시 그중 한 명이었다. 그는 유명 여배우였다.

국내 유수의 대학교 출신인 그는 말솜씨가 빼어나 미모와 지적인 이미지를 겸비한 배우로 주목받았다. 그로 인해 영화나 드라마뿐 아니라 방송 MC나 라디오 DJ도 많이 맡았다. A는 "일등 신붓감"이라며 만남을 권했지만 어쩐 일인지 윤석열은 그 배우와의 만남을 정중히 거절했다.

윤석열이 밝힌 거절의 변이었다.

검사와 연예인은 일견 생경한 조합으로 보이지만, 실은 그렇지도 않았다. 박근혜 정권 때 국가정보원 2차장을 역임했던 최윤수 전 검사장과 황수경 전 KBS 아나운서, 윤석열과 대검 중수부에서 함께 일했던 박길배 전 수원지검 특수부장과 미스코리아 출신 방송인 설수진 씨, 정혁준 창원지검 형사2부장과 배우 한지혜 씨 등 그 무렵 검사와 방송인 커플이 적지 않게 탄생했다.

윤석열은 A가 끈질기게 만남을 권하자 그제야 뒷머리를 긁적이면서 진짜 이유를 밝혔다.

"사실 내가 나이 어린 여자를 만나고 있어요. 그게 잘 안 되면 그때 부탁드릴게요."

윤석열은 끝내 그 여배우와 마주 앉지 못했다. 그 '나이 어린 여자', 즉 12세 연하의 김건희 여사와 인연의 끈이 이어졌기 때문이다.

'도사'와 재벌,
윤석열·김건희를 맺어주다

이제 어느 정도 알려진 얘기지만 두 사람의 연결 과정에는 두 명의 매파가 등장한다. 그중 한 명은 '무정 스님'이었다.

"말이 스님이지 진짜 스님은 아니고 도사 비슷한 사람이었어."

B가 말한 대로 무정은 역술인에 가까운 인물이었다. 그의 존재는 김건희 스스로 밝힌 바 있다. 김건희는 2018년 4월 '주간조선'

2024년 7월 국회 법사위 청문회장에서 박은정 조국혁신당 의원이 띄운 시각 자료.
윤석열 당시 대통령 부부와 조남욱 전 삼부토건 회장, 무정의 사진이 실려 있다.
사진 | 국회영상회의록 캡처

과의 인터뷰에서 "한 스님이 나서서 (윤석열과) 연을 맺게 해줬다"
고 밝혔다. 그리고 20대 대선 직전 공개돼 큰 파문을 일으킨 이명수
'서울의소리' 기자와의 7시간 통화에서는 구체적으로 그에 관해 설
명한다.

"무정 스님이 처음에 소개할 때 (중략) '이제 너는 석열이하고 맞는다.
미안하지만 나이 차가 너무 많으니까 말을 안 했는데, 맞는다.'(라
고 했다) 그래서 '무슨 말이냐고, 나이 차가 너무 이렇게 나는데…'"

또 다른 한 명은 조남욱 전 삼부토건 회장. 조남욱은 무정·윤석

열·김건희 및 그의 모친 최은순 씨와 두루 인연이 있는 인물로 알려져 있다. 다만 무정과 조남욱이 어떻게 두 사람을 소개하고 맺어준 것인지 그 내막을 정확하게 아는 이는 드물다. B 역시 상세한 내막은 알지 못했다.

> "윤 전 대통령과 가까운 이들도 도대체 그가 어떻게 김 여사를 만나서 갑자기 결혼하게 된 것인지에 대해서는 잘 알지 못해요. 나도 궁금해서 어느 날 조남욱 회장에게 직접 물어봤는데 '에이 뭘 그런 걸 알려고 해'라고만 하더라고."

부모와 친구의 반대…
김건희, 정면 돌파하다

결혼에 이르는 길도 순탄치 않았다. 당장 윤석열의 부모가 반대했다.

부친인 윤기중 전 연세대 응용통계학과 교수도 그랬지만, 특히 모친인 최성자 전 이화여대 화학과 교수의 반대가 극심했다. 역시 윤석열과 오랫동안 알고 지낸 C의 이야기다.

> "어머님께서 며느릿감을 보실 때 학벌을 굉장히 중시했어요. 사실 윤 전 대통령이 그전에 이미 결혼할 사람을 한 번 데리고 온 적이

윤석열 전 대통령의 어린 시절 가족 사진. 맨 오른쪽부터 부친인 윤기중 전 연세대 교수, 여동생, 윤 전 대통령, 모친인 최성자 전 이화여대 교수. 사진 | 대통령실

있었는데 명문대 출신이 아니라는 이유로 어머님이 반대해서 결국 파투난 적이 있었거든. 김 여사에 대해서도 마찬가지 이유로 탐탁지 않아 하셨어요."

걸림돌은 부모님만이 아니었다. 대광초등학교 동기들을 비롯해 윤석열의 오랜 친구 중에서도 반대하는 이가 적지 않았다. 특히 그 중 한 명은 김건희의 과거와 관련해 시중에 떠돌던 소문을 들었는지 그 누구보다도 완강히 반대하고 나섰다.

그때 그 친구를 설득시킨 이가 있었다. 바로 김건희 본인이었다. C는 다음과 같이 당시 상황을 설명했다.

"어느 날 그 친구한테 전화가 걸려왔는데 받아보니 김 여사였어. 김 여사가 '한번 만나자'고 했대. '화를 내고 난리를 치려나' 하는 생각이 들었지만 만나기로 하고 약속 장소에 나갔지."

C가 말을 이었다.

"그랬는데 의외로 김 여사가 허리를 굽히면서 '저희 잘 살겠습니

2012년 3월 11일 열린 윤석열 전 대통령과 김건희 여사의 결혼식 장면. 윤 전 대통령의 멘토 중 한 명이자 탄핵 심판 사건 변호를 맡기도 한 정상명 전 검찰총장이 주례를 섰다. 사진 | 유튜브 '출동153 라이브' 커뮤니티 캡처

다. 너무 걱정하지 마십시오'라고 하더래. 그 친구가 그걸 보고는 '야, 이 사람 단수가 보통이 아니구나'라고 생각했대. 나중에 친구들한테 그 얘기를 하면서 '대단한 여자다. 둘이 잘 살겠다'라며 혀를 내두르더라고."

부모님도 결국 결혼을 끝까지 막지는 못했다. 역시 C의 설명이다.

"첫 결혼을 좌절시켰을 때는 그래도 아들이 비교적 젊은 편이었잖아요? 그런데 그때는 이미 쉰을 넘었기 때문에 '이번에도 결혼을 못 하면 영영 못하게 될 수 있다'는 위기의식이 드셨던 거야. 윤 전 대통령 친구들도 나서서 '띠동갑이니까 딱 좋다. 손주 보실 수 있다'고 설득시켰지. 다만 모친은 며느리의 학벌이 못내 아쉬웠던지 지인들에게는 '며느리가 서울대 출신'이라고 말씀하셨다고 해. 김 여사가 일반인 대상 특수대학원이긴 하지만 서울대 경영전문대학원EMBA을 수료한 건 사실이니까요."(웃음)

"사리 분별력은 김건희가 나았다"

유명 여배우도 마다하고, 부모와 친구의 반대마저 극복할 만큼 윤석열은 김건희를 사랑했다. 지인들이나 용산 대통령실 참모들

김건희 여사는 영부인이기 이전에 코바나컨텐츠를 경영하면서
활발히 활동하던 사업가였다.

사이에서 대통령의 '여사 사랑'은 정평이 나 있었다.

묘하게 궁합도 잘 맞았다. 둘은 성격이 서로 달랐는데 이게 결과적으로 잘 어울렸다. 다음은 부부와 모두 친한 D의 윤석열 평가다.

"윤 전 대통령은 술 마시면 대장이지만, 평소에는 내성적이고 여자 같은 측면이 있어요. 남에게 싫은 소리 잘 못 하고, 술자리에서 한 약속을 나중에 취소해야 하는 일 같은, 좀 민망한 일이 생기면 스스로 잘 처리를 못 해 친한 주변 사람에게 시키지."

하지만 김건희는 달랐다고 한다. 용산 대통령실에 근무했던 E의 이야기다.

"대통령이 여자 같고, 김 여사가 남자 같다는 말 많이 들었지? 그거 사실이야. 김 여사는 사업가 기질이 다분하고 적극적이야. 실제로 여러 사업을 성공시키기도 했고. 본인이 직접 큰 뜻을 가지고 큰 그림을 그리는 스타일이지."

김건희가 윤석열의 보완재 역할을 톡톡히 한 이유다. 세월이 흐를수록 이런 관계가 깊어지고 발전하면서 김건희는 윤석열의 든든한 조언자이자 참모 역할까지 수행하게 된다. 특히 윤석열이 인생의 중요한 변곡점에 섰을 때 과감하게 결단을 내린 건 그가 아니라 김건희였다는 전언이 적지 않다. D의 이야기다.

"윤 전 대통령은 기본적으로 독선적이고 남 눈치를 안 보는 스타일이지. 그런데 김 여사는 달랐어. 기본적으로 '을'로 살아왔고, 견제건 마타도어건 계속 주변의 괴롭힘이 있었기 때문에 눈치도 보고 상대방의 마음도 헤아리면서 되도록 주변과 좋게 지내고 싶어하는 성향이 있었어. 그래서 그런지 사리분별력은 남편보다 김 여사가 더 나았어. 중요한 판단은 김 여사가 내린 경우가 많았지."

그리고 김건희의 판단은 적어도 윤석열의 정치 입문 전까지는 대부분 좋은 결과로 이어졌다. 역시 D의 설명이다.

"경험칙상 결정적인 고비 때마다 김 여사가 하라는 대로 했을 때

윤석열 정권 출범 직후인 2022년 5월 30일 윤석열, 김건희 부부가 용산 집무실에서 촬영한 기념사진. 김건희 여사가 자신의 휴대폰으로 촬영해 김건희 팬클럽 '건희사랑'에 전달한 것으로 밝혀져 논란이 됐던 바로 그 사진이다. 사진 | 김건희 팬클럽

결과가 좋았어. 윤 전 대통령이 국정원 댓글 사건 수사하다가 좌천
됐을 때 검사를 그만두려고 했는데, 김 여사가 '그만두지 말라'고
엄청 말렸어. 남편이 검사 체질인 데다가 더 높게 될 사람이라고
본 거지."

D는 또 하나의 사례를 더 이야기해줬다.

"안철수 국민의힘 의원이 2016년에 국민의당을 창당한 뒤에 찾아
와 '비례대표로 공천해주겠다'며 스카우트 제안을 했거든. 그때 윤
전 대통령이 지방 고검을 전전하던 때라 좀 흔들렸어. 그런데 김
여사가 '절대 안 된다'고 막아서 정치권으로 가지 않은 거야. 결과
적으로 보면 그 선택들 덕택에 검찰총장도 되고, 대통령도 됐잖아.
적확한 조언이자 판단이었던 거지."

그렇게 윤석열은 김건희를 사랑했고 신뢰했고 많은 부분 그에게
의존했다. 문제는 정치에 입문한 이후에도 '여사 의존' 또는 '여사
주도'형 의사결정 행태가 이어졌다는 정황이 다수 포착된다는 점
이다. 그런 행태가 본격적으로 구설에 오르기 시작한 건 대선 캠프
를 구성할 무렵이었다.

03

쥴리 X파일에 폭발한 김건희⋯
"내가 악마야?" 그 뒤 벌어진 일

- 김건희 2 -

이른바 '윤석열 X파일'이라는 괴문서가 나돌던 2021년 여름. 휴대폰 너머의 김건희 여사는 금방이라도 울음을 터뜨릴 것처럼 울먹거렸다. 괴문서 중에서도 그의 과거 사생활에 대한 루머를 정리한 부분이 사람들의 입방아에 한참 오르내리던 때였다.

그 루머는 급기야 그해 7월 말 윤석열 전 검찰총장의 국민의힘 입당 및 대선 출마 선언 시점을 전후해 서울 종로구의 한 서점 벽면에 벽화의 형태로 시각화하기에 이르렀다. 그의 얼굴을 본뜬 듯한

2021년 7월 말 서울 종로구의 한 서점 벽면에 그려졌던 이른바 '쥴리 벽화'.
병기된 글은 서점 직원에 의해 지워진 상태다.

여성의 얼굴 그림과 함께 '쥴리의 꿈! 영부인의 꿈!', '쥴리의 남자들'이라는 글이 병기된 그 벽화 말이다.

보수 인사인 A는 그때쯤 김건희와 나눈 통화 내용을 또렷이 기억했다. 'X파일'이 회자하면서 자택인 서초동 아크로비스타에 틀어박혀 유배 아닌 유배 생활을 하고 있던 김건희는 A의 전화를 받자 목이 메는 듯했다. 그는 억울해했다.

"'X파일'이 사실이 아니라고 아무리 말해도 믿어주지를 않아요."

느릿한 어투, 허스키한 목소리로 감정을 쏟아내던 그는 급기야 극단적인 언급까지 했다.

"제가 사람들에게 악마처럼 인식되고 있어요. 세상에서 사라져 버려야 할까요?"

그는 그러곤 연락을 끊었다. 그리고 정말로 사라졌다. 대중은 오랫동안 그의 모습을 볼 수 없었다. 그렇게 김건희는 이면에서 근신하는 듯 보였다.

하지만 그로부터 얼마 지나지 않아 캠프 관계자에게서 뜻밖의 소식이 전해졌다.

"김 여사가 서초동에서 SNS를 포함한 홍보 라인을 장악했어. 제어가 안 되는 수준이야. 금방이라도 사고가 날 것 같아."

그 우려는 오래지 않아 현실화했다.

'개 사과 사태' 뒤에 '비선 홍보' 있었다

홍보는, 특히 대선 캠프에서 핵심 보직이다. 세상에 엄청난 파문을 불러일으킬, 그리고 지지율의 등락을 좌우할 민감하기 이를 데 없는 메시지를 던지는 일이라서다. 그게 공식 라인이든 비밀 라인이든 엘리트 정치인, 고위 공무원 또는 언론인 출신 인사 등 수십 년 간 훈련이 된 사람이 대선 캠프의 메시지를 결정하는 이유다.

윤석열 캠프는 달랐다. 홍보 라인을 은밀히 장악했다는 증언이 무수히 나오는 김건희와 '여사의 사람들'은 그런 훈련을 받아본 적이 없었다. 기껏해야 민간에서 중소 규모 문화 사업을 했을 뿐이다. 하지만 김건희는 사업가로서 직접 큰 그림을 그리길 좋아했고, 자연스레 대선 과정에 직접 관여하고 싶어 했다. 그리고 '여사'에 대한 사랑과 신뢰가 넘쳐나던 윤석열은 그걸 막지 않았다.

그렇게 여사와 '여사 라인'이 캠프 운영, 그중에서도 SNS 등을 통한 홍보 업무에 손을 대기 시작했다. 물론, 그들은 함량 미달이었다. 사고가 터진 건 자연스러운 수순이었다.

2021년 10월 22일 0시 무렵 윤석열의 반려견 '토리'의 사진을 모아둔 '토리스타그램' 계정에 뜬금없는 게시물이 하나 올라왔다. 누군가 토리에 사과를

문제의 개 사과 인스타그램 게시물.
사진 | 인스타그램 캡처

42

주는 모습과 함께 쉽게 이해하기 힘든 글이 달렸다.

"오늘 또 아빠가 나무에서 인도사과 따왔나봐오! 톨이는 아빠 닮
아서 인도사과 좋아해오 오우오우워"

이 글은 '아빠가 나무에서 인도 사과 따왔다. 토리는 아빠 닮아서
인도 사과 좋아한다'는 내용으로 해독됐다.
그 게시물에 붙은 해시태그도 요령부득하긴 마찬가지였다.

#우리집괭이들은_인도사과안묵어예
#느그는추루무라!

경상도 사투리와 인터넷 은어로 "우리 집 고양이들은 사과 안 먹
는다. 너네는 추르(고양이 간식)나 먹어라"고 쓴 것이다.
그건 핵폭탄이었다.
그로부터 3일 전인 10월 19일 윤석열의 이른바 '전두환 옹호' 발
언이 엄청난 파장을 불러일으켰다.

"전두환 대통령이 군사 쿠데타와 5·18만 빼면 (중략) 그야말로 정
치는 잘했다고 얘기하는 분들이 많습니다. 호남 분들도 그런 얘기
하시는 분들이 꽤 있어요."

윤석열 캠프 인스타그램에 올라왔던 윤석열 전 대통령의 돌잔치 사진 모습.
그가 사과를 좋아한다는 사실을 강조한 이 게시물은 당시 빗발쳤던
전두환 옹호 발언 사과 요구에 대해 비아냥거린 것 아니냐는 비판을 받았다. 사진 | 인스타그램 캡처

호남과 더불어민주당 쪽은 말할 것도 없고 국민의힘에서도 부적절한 발언이었다는 비판의 목소리가 컸다. 하지만 윤석열은 "진의가 잘못 전달됐다"며 버티다가 21일이 돼서야 두 번에 걸쳐 간략하게 유감과 송구스러움을 표했다.

그런데 그로부터 불과 몇 시간 뒤에 뜬금없는 '개 사과' 게시물이 올라온 것이었다. 빗발친 사과 요구에 대한 비아냥 섞인 불만 표출, 보다 노골적으로 말하자면 '사과는 개나 줘라'고 반박했다고 해석할 수 있는 게시물이었다. 자연스레 윤석열이 했던 사과의 진정성에 대해서도 의문이 제기됐다.

설상가상으로 이미 10월 20일에도 윤석열 캠프 인스타그램에 윤석열의 돌잔치 사진과 함께 "그런데 참 이상하죠? 석열이형은 지

금도 과일 중에 사과를 가장 좋아한답니다"라는 글이 올라왔다는 사실이 뒤늦게 알려지면서 파문은 걷잡을 수 없이 번져나갔다.

김건희, 대형 '홍보 참사'에 어디까지 관여?

정상적인 조직이라면 상상도 할 수 없는 '홍보 참사'였다. 도대체 누가 이런 짓을 했을까. 캠프에서는 "실무자의 단순 실수"라고 해명했다. 그런데 정작 공식 라인에는 그런 실무자 자체가 없었다. 캠프에서 작성자 색출에 나섰지만, 공식 홍보 라인에 있었던 이들은 모두 "내가 올린 게시물이 아니다"라고 손사래를 쳤다.

결국 남은 건 단 하나, '여사 라인'이었다. 그러나 김건희는 당시만 해도 '개 사과 사태 주범'이라는 의혹을 완강하게 부인했다. 그 무렵 그는 중앙일보의 확인 전화에 다음과 같이 해명했다.

"제가 반려견 '토리'의 인스타그램을 관리한다고들 하는데요, 사실 저는 그럴 정신이 없어요. 지금 모든 정신이 검찰 수사와 내가 얽힌 이런저런 데 가 있어요. 한가하게 사진 올리고 할 정신이 없어요. 그날도 저는 백신 접종을 해서 종일 누워 있었어요. 밤에 자기 회사 일 마치고 온 자원봉사자가 내 사무실(코바나컨텐츠)로 토리를 데려가 찍은 거예요."

그들은 그러나, '말 맞추기'조차 제대로 해내지 못했다. 개 사과 사태 직후 열린 국민의힘 대선 경선 TV 토론에서 유승민 예비 후보가 그 게시물을 출력해 흔들어 보였다.

Q 이 사진 이거 누가 찍었습니까? (유승민)

A 캠프는 아니고, 집 근처 사무실에서 찍은 것 같습니다. 반려견을 사무실에 데리고 간 건 제 처 같고요, 제 처로 생각이 되고. 찍은 건 캠프 직원이 했습니다. (윤석열)

Q 그러면 윤 후보님 안 계시는 장소에서 부인하고 캠프 직원이 그렇게 했다? (유)

A 네. (윤)

윤석열이 언급한 '캠프 직원'은 누굴까. 당시 상황을 자세히 알고 있다는 B의 말이다.

"코바나컨텐츠가 주관하는 각종 행사에 참여했던 김건희 쪽 사람이야. 나중에 대통령실까지 입성해서 김건희를 보좌하는 역할을 했던 사람이지."

B는 이어 '개 사과 사태 주범' 논란과 관련해 참고할 만한 주장을 내놓았다.

"내가 게시물을 보고 깜짝 놀라서 '빨리 개 사과 사진을 내려야 한다'고 연락했어. 그랬더니 김 여사가 처음에는 방방 뛰더라고. '그게 무슨 잘못이냐. 과일 사과 사진 올린 건데, 뭘 전두환 옹호 발언에 대한 메시지라고 억지로 연결해서 이렇게 공격하느냐'면서. 그래서 내가 '정치적으로 보면 사과는 개나 주라는 의미로 받아들여질 수 있으니, 빨리 사진을 내려야 한다'고 계속 설득해서 겨우 사과 사진을 내린 거야."

'3·1절 개 만세', '우크라이나 귤' 사태 속속 터져

하지만 '홍보 참사'는 이후에도 계속 이어졌다. 2022년 3·1절에는 윤석열의 트위터(현 X) 계정에 현관문 앞 태극기와 반려견을 함께 찍은 사진이 올라와 논란이 됐다. "3·1절입니다. 태극기를 달았습니다. 대한독립 만세!! (그런데 여기 우리집 맞죠?)"라는 병기 문구가 논란을 더 키웠다. 당장 "개 사과 논란이 연상된다", "3·1절을 모독했다"는 지적이 나왔고, 해당 사진은 곧 삭제됐다.

그리고 같은 날 트위터 계정에 "우리는 우크라이나와 함께 합니다We stand with Ukraine"라는 문구와 함께 펜으로 눈과 입, 머리칼이 그려진 성난 표정의 귤 사진도 올라왔다. 그 직후 "전쟁을 희화화한다"는 비판이 쏟아졌고, 그 사진 또한 3시간 만에 사라졌다.

2022년 3월 1일 윤석열 당시 대선 후보
트위터(현 X) 계정에 올라온 게시물.
3·1절에 올리기에는 무례한 게시물
아니냐는 지적을 받았다. 사진 | X 캡처

2022년 3월 1일 윤석열 당시 대선 후보
트위터(현 X) 계정에 올라온 게시물.
전쟁 희화화 논란이 일면서 비난이
쇄도하자 곧 삭제됐다. 사진 | X 캡처

"도대체 누가 윤석열의 SNS를 관리한 거예요?"

캠프 초기부터 공식 라인에서 홍보·공보 업무를 관장했던 한 인사는 최근 만난 기자의 질문에 한숨부터 내쉬었다.

"당시 윤석열의 SNS는 극소수만이 아이디와 비밀번호를 공유한 상태에서 글이나 사진을 올릴 수 있었어요. 그런데 나와 내 주변 인사들은 그 아이디와 비밀번호를 아예 몰랐어. 그래서 아마추어적인 사고가 날 때마다 '서초동 여사 라인이 또 사고를 쳤구나' 하고 생각했죠."

'철없는 우리 오빠'는
과연 누구였나

SNS뿐만이 아니었다. 김건희는 국민의힘 대선 경선 등 보다 엄중한 사안에도 적극적으로 관여했다. 정치 브로커 명태균 씨와 나눈 문자 메시지에는 그런 내용이 적나라하게 담겨 있었다. 2021년 7월 3일, 명태균은 이튿날 공표 예정인 대선 여론조사 결과 보고서를 카카오톡으로 전송했다.

"보안 유지 부탁드립니다." (명태균)
"넵 충성!" (김건희)

2021년 10월 5일에는 김건희가 "큰일 났다"며 '홍준표 40.6% 윤석열 37.3%'로 나온 여론조사 기사를 전달했다.

"홍이 1등은 안 되나요?" (김)
"네. 어렵습니다. 내일 자체 조사를 해보겠습니다." (명)
"(윤석열이) 야당 1 후보는 반드시 되어야 합니다." (김)
"그렇게 만들겠습니다." (명)
"네. 제발요." (김)

"철없이 떠드는 우리 오빠"라는 표현까지 나왔다. 시기는 국민의

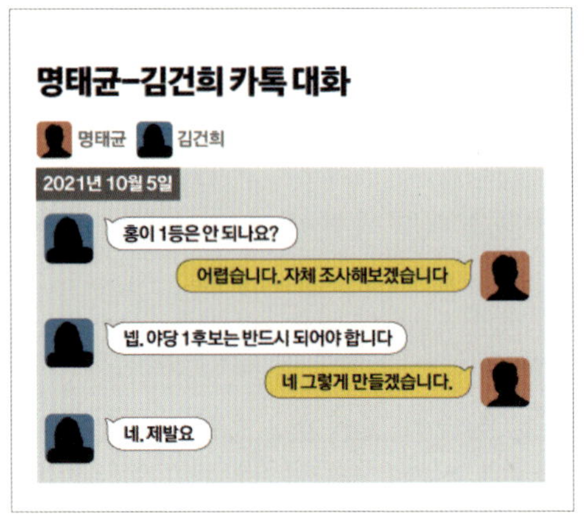

중앙일보가 법조계 등을
취재해 재구성한 메시지 내용.

힘 입당을 준비하던 2021년 여름 즈음으로 추정된다.

"네, 너무 고생 많으세요. 철없이 떠드는 우리 오빠 용서해주세요. 제가 난감. 무식하면 원래 그래요. 사과드릴게요. 제가 명 선생님께 완전 의지하는 상황에서 오빠가 이해가 안 가더라고요. 지가 뭘 안다고."

윤석열 측에서는 '오빠'가 김건희의 친오빠인 김진우 씨를 가리키는 것이었다고 해명했지만, 당시에는 비웃음의 대상이 될 뿐이었다. 그런데 당시 캠프 주변에서는 그 오빠가 정말로 김진우였을 가능성을 높게 봤다고 한다. 김건희와 가까운 C의 말이다.

"친오빠라는 해명에 다들 코웃음 쳤지만 내가 알기로는 실제 그

'오빠'가 김진우였을 가능성이 커. 김진우가 당시 꽤 영향력이 있었던 데다, 명태균과 썩 좋은 관계가 아니었다고 들었어. 김진우는 매형이 대권에 도전한다고 했을 때부터 자기와 가까운 기자들에게 연락해 이런저런 홍보성 기사를 부탁하고, SNS 관리에도 관여한 것으로 알아."

물론 김진우였다 하더라도 문제인 건 마찬가지였다. 그가 '비선'으로서 캠프에 영향력을 미쳤다는 의미로 해석될 수 있어서다.

이처럼 여사와 '여사 라인'이 잇따라 사고를 치자 캠프와 윤석열 주변에서는 "김건희를 그냥 놔둬서는 안 된다"는 이들이 늘어나기 시작했다. 그중 일부는 은밀하게 '김건희 제거 작전'에 착수했다.

04

"석열이 이혼시켜, 꼭 해야 해!" 김건희 '소록도 유배 작전' 전말

- 김건희 3 -

"야, 너 요즘 시간 괜찮지? 급히 좀 만나자."

법조인 A에게 숨가쁜 전화가 걸려왔다. 송신자는 A가 사석에서 형이라고 부르는 법조계 선배였다. 그 '형'은 윤석열 전 검찰총장의 서울대 법대 79학번 동기이기도 했다.

때는 2021년, 계절은 봄과 여름의 경계였다. 언론지상에는 연일 윤석열이 차기 대권에 도전한다는 기사들이 오르내리고 있었다. A 는 윤석열과 인연이 깊었다. 그가 검찰총장이던 시절부터 조언자 역할을 톡톡히 했다. 귀 밝은 법조계와 정치권 인사들은 그 사실을 전해 듣고 있었다.

약속 장소에는 서너 명이 나와 있었다. 모두 서울대 법대 79학번이었다. 음식이 나오고 술이 몇 순배 돌면서 세상사와 관련된 시답잖은 이야기들이 오갔다. 그런 요식 행위들이 끝난 뒤 본론이 나왔다.

"너 석열이 돕고 있다며?"

A는 긍정도 부정도 않은 채 염화미소의 표정으로 이어질 이야기를 기다렸다. 뒤이어 그 선배가 꺼낸 화제는 김건희 여사였다.

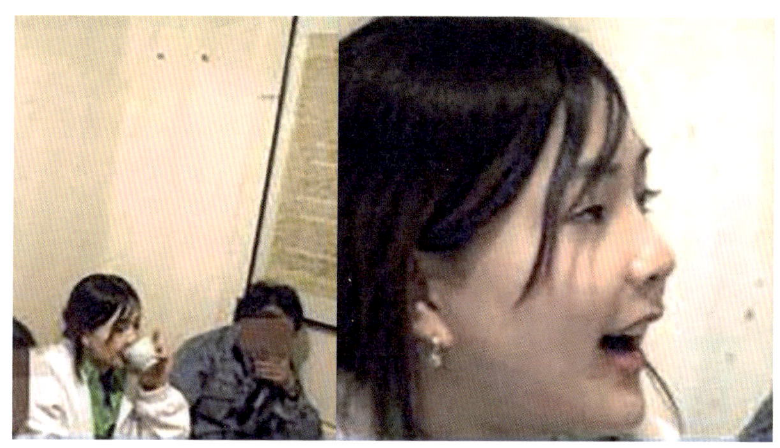

사진작가인 사토 도키히로 도쿄예술대학 교수가 페이스북에 공개한 김건희 여사의 2002년 모습. 사토 교수는 "한국 사진 투어에 동행하며 지원해준 한국인 아티스트가 김 여사라는 사실을 알고 놀랐다. 아티스트임에 틀림없고, 순수하고 노력하는 분이라고 생각했다"고 밝혔다. 사진 | 페이스북 캡처

그들은 김건희와 윤석열의 처가를 둘러싼 각종 사법 리스크가 대권행의 최대 아킬레스건이 될 것이라고 걱정했다.

"야, 너도 알다시피 석열이 무기가 뭐냐. 법치, 정의, 공정 같은 거 잖아. 그런데 정작 자기 가족은 깨끗하지 못하다는 공격에 노출될 경우 치명상을 입을 수도 있어."

서초동 법조타운을 중심으로 나도는 풍문도 불안감의 원인이었다. 그건 사생활에 대한 루머뿐만이 아니었다. 당시 서초동에는 "지금 언론에 리크leak 되는 기사 중 상당수는 김건희 작품이다. 김건희가 홍보에 깊이 개입돼 있다", "김건희가 경솔하게도 지인들에게 '내 남편이 대선에 나서는데 새로운 인물들과 함께할 것'이라고 했다" 등의 소문이 파다하게 퍼져 있었다.

분위기가 무거워졌을 때 선배가 결연한 표정을 지었다. 그리고 A에게 말했다.

"A야, 네가 해야 할 역할이 있다."
"그게 뭔데요?"

그는 물 한 모금 들이켠 뒤 폭탄 발언을 내놓았다.

“둘을 꼭 이혼시켜! 그래야 석열이가 대통령 될 수 있어.”

“네? 이혼요?”

“그래. 이혼. 너 말고는 이 일을 할 사람이 없어. 네가 꼭, 단단히 해줘!”

A는 황당했다. 그리고 자신도 모르게 목소리가 커졌다.

“아니, 그걸 제가 어떻게 해요? 형들이 친구잖아요. 형들이 하세요.”

예상 밖의 답변에 그들은 당황한 듯 말을 잊었다.

“못하죠? 형들도 못하는 걸 왜 저한테 시켜요!”

그건 애초에 불가능했던 일이었다. 그리고 A는 이미 그 비슷한 조언을 했던 터였다. 그는 윤석열로부터 캠프 합류 요청을 받고 “김건희를 포함한 처가와 당신을 분리한다면 참여하겠다”고 조건을 내걸었다. 결과는 뻔했다. 윤석열은 격노했고, A는 캠프에 참여하지 않았다. 이후 두 사람은 사실상 절연 상태였다.

이렇게 '김건희 제거' 작전은 '미수'라고 하기도 민망할 정도로 구상 단계에서 허무하게 끝났다. 하지만 그건 선견지명이었다. 물론 그들에게만 혜안이 있었던 건 아니었다. 윤석열의 주변에는 그들과 비슷한 시도를 했던 이들이 적지 않았다.

"소록도 보내죠?"···
'김건희 분리' 작전의 전말

2022년 1월 중순의 어느 날, 혹한을 뚫고 식전 댓바람부터 '윤석열 캠프'가 자리한 여의도 국민의힘 당사에 사람들이 모여들기 시작했다. 적지 않은 이들의 체온이 더해졌건만 캠프 내부는 외부의 한기가 그대로 밀어닥친 듯 썰렁했다. 아니 체감 온도는 실제의 그것보다 더 낮았다.

"도대체 이걸 어쩌지···."

누군가 한숨과 함께 혼잣말을 내뱉자 모두가 동참했다. 그들을 한숨 쉬게 한 주체는 김건희였다.

선거는 추세이고 심리다. 당장의 지지율은 낮아도 바닥을 치고 오름세로 전환됐다는 신호가 있다면 캠프에는 온기가 돈다. 당시 윤석열 캠프가 그랬다. 김건희의 허위 학력 의혹이 터지면서 지지율이 급락하자 윤석열은 선대위 해체 및 전면 쇄신(1월 5일)이란 승부수를 던졌다.

그게 어느 정도 먹혀들었다. 캠프에선 "다시 살아나기 시작했다"는 말이 나왔다. 그런데 하필 그때 상상하지도 못한 초대형 악재가 또 터졌다. 그 유명한 '김건희 7시간 통화' 사건이었다. '여사'가 유튜브 채널 '서울의소리' 이명수 기자와 2021년 7월 6일부터 6개월

2022년 1월 14일 MBC를 항의 방문한 김기현 국민의힘 당시 원내대표가 '7시간 통화 녹취록' 보도에 대해 입장을 밝히고 있다. 사진 | 국회사진기자단

간 나눈 7시간 43분 통화 내용이 돌아오는 주말 MBC를 통해 공개되기로 확정된 상태였다. 캠프는 째깍거리는 시한폭탄을 떠안은 듯 초비상이었다.

캠프의 전략기획 참모와 법률 전문가, 당 중진 의원들이 혹한을 뚫고 아침 일찍 캠프에 집결한 이유다. 그들은 방책이란 방책은 죄다 쏟아냈다.

"의원들을 따로 모아 상암 MBC에도 항의 방문하죠."
"의원 총동원령을 내릴까요?"
"절대 방송이 나가면 안 돼요. 법원에 방송 금지 가처분 신청부터 합시다!"

결국 논의 끝에 방송 강행 시 맞불 성격으로 이재명 당시 더불어
민주당 후보의 '욕설' 녹음 파일을 이슈화해 난타전을 하자는 쪽으
로 의견을 모았다. '네거티브negative는 네거티브로 대응하고, 이슈는
이슈로 덮는다'는 전략이었다.

폭풍이 한바탕 휘몰아친 뒤 에너지를 소진해버린 캠프 관계자들
은 탈진 상태에 빠졌다. 그러나 마냥 맥 놓고 있을 수는 없었다. 보
다 본질적인 문제를 논의하지 않을 수 없었기 때문이다.

잠깐의 침묵이 이어지더니 말잔치가 재연됐다.

그때 누군가 근본적인 처방을 꺼냈다.

B가 그 말을 이어받은 건 그때였다.

"김 여사를 당분간 소록도로 보내는 게 어떨까요?"

모두가 그를 쳐다봤다.

"거기서 봉사 활동을 하면 이미지가 좋아질 수 있지 않을까요?"

B의 부연 설명에 많은 이들이 고개를 끄덕였다. 자신감을 얻은 B가 내친 김에 조금 더 나갔다.

윤석열 대선 캠프에서 김건희 여사에 대한 견제책으로 논의됐던 소록도 방문은 김 여사가 영부인이 된 이후인 2023년 11월 7일에서야 현실화했다. 국립소록도병원을 방문한 김 여사가 한센인들이 직접 공사에 참여한 병사성당에서 기도하고 있다. 사진 | 대통령실

"소록도가 별로라면 백담사 같은 곳도 있잖아요. 일단 그런 멀고 깊숙한 곳으로 보내서 대중의 눈에 안 띄게 하는 게 최선 같아요."

나름대로 묘책을 찾았다는 듯 활기가 돌아올 무렵, 누군가 찬물을 끼얹었다. 그가 내놓은 말은 본질과 정곡을 동시에 찔렀다.

"그런데요, 이런 걸 후보에게 보고할 수는 있습니까?"

순간 정적이 흘렀다. 경험칙에 따르면 윤석열의 '격노'가 불 보듯 뻔했기 때문이다. 그걸 감내하고 고양이 목에 방울을 달겠다는 사람은 아무도 없었다. 결국 '김건희 격리·분리' 방안이 적힌 페이퍼는 그대로 휴지통행이었다.

"사고는 아크로비스타에서, 뒤처리는 여의도에서"

당시 캠프에서 '김건희'라는 세 글자는 금기어에 가까웠다. 그에 대해 섣불리 '뒷담화'를 했다가는 한 방에 날아갈 수 있었다. 당시 캠프 실무진은 기자들과 만날 때 반드시 마포대교 북단을 넘어왔다. 답답한 마음에 푸념이라도 하고 싶지만, 여의도 근처에서는 말을 조심해야 했기 때문이다.

얼굴이 벌게진 당시 캠프 관계자 C는 술기운을 빌려 이렇게 말
했다가 '아차' 하는 표정으로 기자를 바라보더니 이내 주변을 한 바
퀴 돌아봤다.

김건희는 말 그대로 골칫덩이였다. 'X파일' 이슈로 캠프 발족 때
부터 분위기를 망치더니, SNS 홍보 장악이라는 과도한 욕심을 부
린 끝에 '개 사과 사태' 등 잇따른 홍보 참사를 낳았던 그였다.

그것으로 끝이 아니었다. 허위 학력 의혹으로 대국민 공개 사과
(2021년 12월 26일)까지 한 지 불과 한 달도 되지 않은 상황에서 '7시
간 통화' 사건까지 터졌다. 그건 결정적 카운터펀치였다.

"'밑에 애들' 말고 '헤드'"… 캠프는 분노했다

방송 저지 노력은 결국 실패했다. 캠프 관계자들은 허탈한 심정
으로 전 국민과 함께 방송을 지켜봤다. 여과 없이 전해지던 김건희
의 육성이 '헤드' 발언(2021년 7월 21일 통화분)에 이르렀을 때 캠프
는 충격을 받았다.

"한번 와서 헤드들한테 그런 조직 설명해주면 안 돼요?" (김건희)

"나 캠프 한 번도 안 가봤는데, 안국동(이마빌딩) 말하는 건가요?"
(이명수 기자)

"아니 그 캠프로 오지 말고 사무실(코바나컨텐츠) 와서…. 그런 거
움직이는 사람들 있을 거 아니에요. 예를 들어서 우리 오빠라든가,
몇 명 있어요. 여기서 지시하면 다 캠프를 조직하니까. 헤드들한테
설명해줘야지 '밑에 애들'한테 해봤자 의미가 없잖아. 밑에 애들은
나중에 해주시고." (김건희)

자신이 거느린 '비선 라인'을 '헤드'(머리)로, 경선 캠프에서 일하
던 공식 라인을 '밑에 애들'로 표현한 건 김건희의 인식을 날것 그
대로 보여준 것이었다. 캠프는 경악을 넘어 분노했다.

실제로 이명수는 통화 한 달여 뒤 코바나컨텐츠 사무실에서 홍
보 강의를 30분가량 한 뒤 김건희로부터 105만 원이 든 회색 봉투
를 받았다. 이날 밤 이명수가 강의료를 기증하겠다고 밝히자 김건
희는 문자를 보냈다.

"안 돼, 그건 복이 있는 거니 동생이 써야 해."

이게 다가 아니었다. 2021년 12월 3일 통화에서는 자신이 윤석
열 캠프를 쥐락펴락하는 실세라는 사실까지 감추지 않았다.

"김종인 총괄선대위원장 수락했네." (이)

"하하하, 원래 그 양반이 오고 싶어 했어. 계속. (중략) 그러니까 누나 말이 다 맞지? 뉴스 믿지 말고, 누나 말 들어. 누나 말이 다 이제 점점 가면 맞으니까." (김)

"김건희? 감춰진 게 얼마나 많았던지…"

일부 캠프 관계자들은 이런 상황을 참지 못하고 다양한 방식의 '김건희 제어' 작전을 시도했다. 하지만 번번이 윤석열의 벽에 가로막혔다. 선거 운동 초기에만 해도 캠프의 핵심이었던 D는 2021년 8월 '김건희 견제 레드팀' 구성을 제안했다가 윤석열의 격노를 불렀다. 그리고 노골적으로 버림받았다. 2025년 8월 그와 마주 앉았다.

Q 당시 레드팀 제안은 왜 하셨어요?

A 우리 내부에 문제가 있으면 우리가 먼저 파악해서 대응책을 마련하자는 거였지. 이걸 장제원, 권성동 의원에게 말했더니 다들 '좋다'면서 추진하자고 했어.

Q 윤석열의 반응은 어땠어요?

A '그게 왜 필요하냐'며 크게 화를 내더라고. 그래서 '이게 원래 대부분의 캠프에 있는 거다. 우리가 잘못된 걸 억지로 찾아내

겠다는 게 아니라 경쟁자의 네거티브에 대응하기 위한 조치
일 뿐이다'라고 설명했지.

Q 그랬더니?

A 윤석열이 '그걸 누가 몰라서 내가 말하나요?'라고 하더라고.
내 생각에는 김건희가 더 세게 반대했던 것 같아. 김건희는 늘
자기의 감춰진 무언가가 들춰지는 걸 극도로 두려워했어. 도
대체 뭘 얼마나 많이 감췄던 건지.

결국 아무도 직언을 할 수 없는 지경이 되면서 김건희는 손댈 수
없는, 언터처블untouchable한 존재가 됐다. 그리고 남편이 대통령이
된 순간부터 본격적으로 위세를 떨치기 시작했다.

김건희의 이야기는 이쯤에서 잠시 멈추고 초점을 윤석열로 옮기
려 한다. 2016년까지만 해도 지방 고검을 전전하면서 사직서를 품
고 다니던 그는 도대체 어떻게 불과 몇 년 만에 대권을 거머쥐는 인
생 역전의 주인공이 됐을까. 윤석열 신화의 시발점인 바로 그 '별의
순간'으로 돌아가보자.

05

임명장 文 사인 벅벅 문댔다…
尹, 조국 수사 직전 돌발행동

조국 수사 1

머리가 아팠다. 결행하느냐, 마느냐. 고심에 고심을 거듭해도 답은 쉽게 나오지 않았다.

2019년 8월 윤석열 검찰총장의 손에 쥐어진 건 언론 기사들을 모아놓은 스크랩과 그에 대한 내부 보고서였다. 사실상의 내사 보고서에 해당하는 그 서류에는 기사들에 등장하는 잠재적 피의자 관련 의혹 사항이 빼곡히 적혀 있었다. 문제는 그 잠재적 피의자가 대통령의 핵심 참모이자 며칠만 있으면 자신의 상관으로 부임할 인물이라는 사실이었다. 윤석열은 그 잠재적 피의자, 즉 조국 당시 청와대 민정수석 관련 서류를 만지작거리며 고심을 거듭했다.

2019년 7월 25일 윤석열 신임 검찰총장(왼쪽)과 조국 민정수석이 윤 총장에 대한 임명장 수여식 직전 환담하면서 웃고 있다. 그때만 해도 두 사람이 오래지 않아 숙적이 될 것이라 내다본 이는 거의 없었다.

조국은 윤석열의 서울대 법대 3년 후배였지만, 개인적 인연은 깊지 않았다. 둘은 가는 길이 달랐다. 윤석열은 사법시험으로 방향을 정한 뒤 고시원과 도서관에 틀어박혀 살다가 9수 끝에 합격한 인물이다. 반면에 조국은 학생운동을 하다가 고시가 아닌 학문의 길로 뛰어들어 법학 교수가 됐다. 천생 보수주의자인 윤석열은 검사로 일하면서 법을 보위했고, 국가보안법 위반 전과자인 조국은 악법과 사회 모순을 타개하려 했다.

나란하기만 하던 두 사람의 행로가 위, 아래로 굽으면서 접점을 만들게 된 건 같은 주군, 즉 문재인 대통령을 모시면서다. 정치를 해보지 않은 서울대 교수 조국은 민정수석으로, 차장 검사 한 번 못 해본 윤석열은 서울중앙지검장으로 발탁됐다.

조국은 말할 것도 없었고 윤석열 역시 문재인 정권에 더할 수 없이 충성했다. '국정농단', '사법농단' 수사에 전력투구해 보수 세력을 멸문의 위기로 몰아넣을 정도였다. 그런 그를 문재인은 예뻐했고, 마침내 '우리 총장님'으로 만들어줬다.

어찌 보면 인생의 은인인 그 문재인의 핵심 참모를 수사한다는

윤석열 신임 검찰총장이 2019년 7월 25일 청와대에서 문재인 대통령으로부터 임명장을 받고 있다. 사진 | 청와대사진기자단

게 쉬운 결정일 리 없었다. 윤석열은 기사 스크랩과 관련 보고서를 뚫어질 듯 바라보다가 어느 순간 그걸 집어던졌다. 그러더니 그 근처에서 또 다른 서류 한 장을 집어들었다.

며칠 전 대통령이 하사한 검찰총장 임명장이었다. 그는 그걸 뚫어지게 바라보며 문구 하나하나를 공들여 다시 읽어나갔다. 그러던 그의 시선이 서류의 맨 아랫부분에 닿은 순간이었다. 윤석열이 갑자기 그곳으로 손을 뻗었다. 그리고 뜻밖의 행동을 하기 시작했다.

그의 손가락이 닿은 곳은 바로 대통령의 서명이 적힌 곳이었다. 그는 그 부분에 손가락을 갖다 대더니 문지르기 시작했다. 몇 번이나 전후좌우로 문지르던 그는 곧 행동을 멈춘 뒤 한숨을 내쉬었다. 그는 도대체 왜 그런 행동을 한 것일까.

윤석열은 훗날 대선 유세 현장에서 동행한 일부 기자들에게 그때 이야기를 끄집어냈다.

"조국 전 장관을 수사할 때 고민이 컸어요. 내가 과연 대통령의 측근을 수사해도 되는지가 고민이었죠. 그것도 총장으로 임명된 지 며칠 만에 말이야. 시쳇말로 임명장에 사인도 안 말랐을 때잖아. 그래서 실제로 대통령 서명이 말랐는지, 안 말랐는지 문질러보기까지 했다니까. 수사에 착수하면 대통령에게 해가 될 거 같고, 그렇다고 터져나오는 의혹들을 그냥 지켜볼 수도 없고…. 그러다가 수사를 하는 게 결국 대통령을 위해서도 좋은 일이라는 판단이 서서 수사를 하게 됐죠."

윤석열은
문재인을 좋아했다

파란만장한 윤석열의 인생에는 여러 변곡점이 있었다. 변곡점을 중요한 순서대로 줄을 세운다면 조국 수사는 분명 선순위를 차지할 거다. 그 수사를 단행하면서 '우리 총장님'은 문재인과 진보 진영의 적이 됐다. 그리고 보수의 중심으로 우뚝 섰다.

재차 이야기하지만, 그 직전까지만 해도 윤석열은 문재인을 좋아했다. 누구라도 그랬을 거다. 문재인은 지방 고검을 전전하면서 사표를 만지작거리던, 나이 많은 검사를 일약 서울중앙지검장으로

문재인 정권 출범 직후 깜짝 발탁된 윤석열 신임 서울중앙지검장이 2017년 5월 22일 서초동 서울중앙지검 청사로 첫 출근을 하고 있다. 국정원 댓글 사건을 수사했다가 밉보여 지방 고검을 전전하던 그에게는 그야말로 인생 역전의 순간이었다.

발탁해준 은인이다. 윤석열은 그래서인지 문재인 개인뿐 아니라 문재인 정권의 정책까지 적극적으로 지지했다.

누가 그래?
도대체 뭐가 잘못됐다는 거야?

2020년대 초 한 상가. 대광초등학교(옛 대광국민학교) 동기가 상주였던 그 상가에서 윤석열과 친구들 간에 고성이 오갔다. 문재인 정권이 박근혜 정권 때 일본과 맺은 위안부 합의 이행을 중단하면서 한창 반일 감정을 고조시키고 있을 때였다. 그때 조문객 중 한 명이 그런 정권의 반일 기조를 비판하자 윤석열이 정권의 스탠스를 옹호하면서 목소리를 높인 것이다. 일제 강제징용 피해자에 대한 일본의 배상 책임을 인정하면서 한·일 과거사 갈등의 시발점이 됐던 대법원의 2012년 판결도 강하게 옹호했다고 한다.

당시 상가에 있었던 윤석열의 초등학교 동기 이철우 연세대 법학전문대학원 교수는 12·3 비상계엄 한 달 정도 뒤인 1월 8일 페이스북에 "문재인 정부가 조성한 반일 정서에 발맞춰 강제징용 판결을 옹호하면서 조심스러워하는 나에게 눈을 부라렸던 윤석열"이라고 적으며 당시 상황을 일부 전했다. 그는 "거대 자본을 상대로 한 수사를 위해 진보 이념을 차용했고, 국정농단 수사를 맡아 문재인의 사냥개 노릇을 마다치 않았다"고 글을 이으며 문재인 정권하에

70

2019년 7월 22일 부산 동부경찰서 입구에서 반일부산청년학생실천단 소속 학생들이 일본 총영사관에 진입하다 연행된 학생들의 석방을 요구하며 시위를 벌이고 있다.

윤석열 전 검찰총장과 죽마고우인 이철우 연세대 교수가
2021년 6월 서울 남산예장공원 개장식에서 나란히 앉아 대화하고 있다.
윤석열이 공식 정치 입문 선언을 하기 직전의 모습이다.

서 윤석열이 어떤 사상적 외양을 띠고 있었는지 암시했다.

그랬던 윤석열을 직접 목격했던 만큼 이후의 과도한 변신이 쉽게 납득되지 않았던 모양이다. 이철우는 같은 글에서 "(그랬던 그가) 대한민국의 민주주의를 정면으로 부정하는 극우세력의 수괴가 될 것임은 생각하지 못했다"고 한탄했다.

실로 그랬다. 그때만 해도 윤석열은 모든 측면에서 문재인, 그리고 문재인 정권과 보조를 함께했다. 그랬던 그가 조국 수사에 임하면서 180도로 달라졌다.

조국 수사 앞두고
술까지 끊었던 尹

2019년 8월의 어느 날, 한 식당에서 부부 동반 모임이 열렸다. 안부 인사가 교차하고 좌석이 정해진 뒤 잔이 채워졌다. 한 명이 건배사를 했다.

"검찰총장님의 건승을 위하여!"
"위하여!"

감사 인사로 화답한 뒤 잔을 맞부딪힌 이는 윤석열이었다. 김건

2019년 7월 25일 윤석열 신임 검찰총장이 취임사를 하고 있다.

희 여사가 흐뭇한 미소로 그걸 지켜봤다.

거기 모인 남성들은 1973년 대광초등학교를 졸업한 동기 동창이었다. 그들이 모인 건 윤석열의 총장 취임을 축하하기 위해서였다. 그들은 맞부딪힌 잔을 각자의 입으로 가져갔다. 단 한 명, 윤석열을 제외하고서다. 한 친구가 물었다.

"야, 석열아! 술 안 마셔?"

답변은 뜻밖이었다.

"응, 나 안 마셔."

놀란 친구가 되물었다.

"왜?"

이번에도 뜻밖의 답변이 돌아왔다.

"술 끊었어."

친구들은 포복절도했다.

"야, 농담인 줄 알았더니 정말이었어?"

두주불사 윤석열은 그때 정말로 술을 끊었다. 다음은 윤석열의 오랜 친구 A가 전해준 이야기다.

"석열이가 검찰총장이 됐을 때 전화를 걸어서 '축하한다. 한잔해야지?' 했더니 석열이가 '나 술 끊었어'라고 하더라고. 깜짝 놀라서 '야, 해가 서쪽에서 뜨겠네'라고 하니까 이번에는 '정신 똑바로 차려야지'라고 답했어요."

A가 말을 이어갔다.

"어쨌든 약속을 잡고 몇몇 친구들이랑 부부 동반으로 석열이를 만났는데, 정말로 술을 안 먹어요. 그것뿐만이 아니었어요. 그 말 많은 친구가 말도 별로 안 하고 표정도 굳어 있는 거예요. 그래서 이상하다고 생각했죠. 그런데 불과 며칠 뒤에 그 이유를 알겠더라고요."

그 며칠 뒤 A는 검찰이 조국에 대한 수사에 착수했다는 뉴스를 접할 수 있었다. 그의 금주는 '대사'를 앞두고 몸과 마음을 다잡기 위해 단행한 일종의 의식이었던 셈이다.

"기획 수사 아니었다"
부인 불구 엄청난 파장

당연히 여권에선 '조국을 향한 기획수사'란 의심이 제기됐다. 조국의 장관 후보자 지명을 염두에 두고 검찰이 미리 내사를 진행해 온 것 아니냐는 의구심도 커졌다.

하지만 당시 사정을 잘 아는 인사들은 이런 주장에 완강히 손을 내젓는다. 외려 예상과 달리 압수수색 영장이 대거 발부되는 바람에 당황했다는 증언도 있었다. 다음은 당시 대검찰청에 근무했던 고위 관계자 B의 기억이다.

검찰 수사관이 조국 법무부 장관 자택을 압수수색한 뒤 압수물을 들고 이동하고 있다.
윤석열 검찰은 2019년 8월 27일 조국 일가 의혹과 관련된 수십 곳을 동시 압수수색하며
대대적인 강제수사에 착수한다. 법무부는 물론이고 청와대도 몰랐던 기습 작전이었다.

물론 배경을 떠나 수사 착수로 인한 파장은 엄청났다. 당장 다음 날 조간신문들은 일제히 여권의 유력 인사이자 '예비 직속 상관'을 건드린 '윤석열 검찰'의 의도를 분석하느라 바빴다. 중앙일보는 '조국 사태, 윤석열이 먼저 움직였다'라는 제목의 1면 톱기사에서 "짧게는 추석 민심, 길게는 내년 총선의 향배까지도 가를지 모르는 이른바 '조국 국면'에 윤석열 변수가 등장했다. 향후 어디로 튈지 쉽게 내다볼 수 없는 안갯속 국면이 시작됐다"고 적었다.

윤석열은 조국 일가에 대한 수사 착수를 결정한 그 시점부터 이미 호랑이 등에 올라탄 상태였다. 그가 의도한 결과든 아니든, 중간에 멈추기란 불가능했다.

윤석열은 결국 조국을 강하게 몰아붙여 낙마시켰다. 그리고 조국과 부인 정경심 교수를 기소해 유죄 판결을 받아냈다. '표적 수사', '별건 수사', '검찰 쿠데타' 등 뒷공론이 적지 않았지만, 결과만 놓고 보면 성공한 수사였다.

물론 문재인 정권이나 여권과 척을 지게 된 결정적 계기가 되기도 했다. 역으로 말하면 순식간에 보수의 영웅으로 떠오르면서 결

중앙일보

joongang.co.kr 2019년 8월 28일 수요일

조국 사태, 윤석열이 먼저 움직였다

검찰, 서울대 등 20여 곳 압수수색
법무장관 청문회 전 이례적 수사
윤석열 변수 돌출 '안갯속 정국'
조국 "수사로 의혹 밝혀지길 희망"
조국 5촌 조카 등 셋 돌연 출국

미 하원 외교위장
"지소미아 파기
문 대통령에 우려"

엥겔 위원장, 미 정부 이어 비판

2019년 8월 28일자 중앙일보 1면.
조국 법무부 장관 후보자 일가에 대한 검찰의 강제수사 착수 소식을 톱기사로 전했다.

국 대권까지 거머쥐게 된 결정적 계기이기도 했다.

여기서 중요한 질문을 던지려 한다. 윤석열은 조국 수사를 시작할 때부터 이런 전개를 예상했을까. 다시 말해 정치적 의도를 가진 채 수사에 임했던 걸까.

윤석열은 그와 같은 시선에 대해 강하게 부인한다. "조국에 대한 언론의 의혹 보도가 잇따르면서 수사에 나서지 않을 수 없었다"는

78

게 그의 일관된 입장이었다.

그의 입에서 직접 입장을 들을 기회도 있었다. 국민의힘 대선 경선을 앞둔 2021년 8월 말, 윤석열의 충청 방문 동행차 서울에서 내려온 기자 세 명이 충남 공주의 한 카페에서 그와 1시간가량 마주 앉았다.

커피와 케이크를 주문한 뒤 논란을 피하기 위해 계산은 각자 나눠서 했다. 보스 기질이 다분한 윤석열은 1인용 소파에 몸을 푹 기대며 "내가 아무리 돈이 없어도 후배들 밥·술은 빚을 내서라도 다 사는데, 지켜보는 눈이 많아 미안하다"고 멋쩍어했다.

윤석열의 다변多辯은 낯선 기자들 앞에서도 여지없었다. 특히나 자신의 정치 참여 계기가 된 조국 수사 과정에 대한 질문엔 거침없이 말을 쏟아냈다. 그러다가 그의 입에서 뜻밖의 말이 흘러나왔다.

"나는 조국을 도와주려고 했던 사람이야!"

예상치 못했던 말이었다. 그는 말을 이었다.

"검찰총장 임명장을 받기 며칠 전의 일이야. 당시 박상기 법무부 장관, 조국 민정수석이랑 중식당에서 저녁 식사를 함께했어. 인사 협의 차원이었지. 그 자리에서 박 장관이 '조 수석이 내 후임으로 오게 될 것'이란 취지로 말하더라고. 그땐 조국이 장관 후보자로 지명되기 전이었어. 그래서 내가 직전에 국회 인사청문회를 치렀던 사람이니 조국을 도와주겠다는 뜻으로 '검찰 내 최고의 신상 대응 전문가를 붙여주겠다. 송경호(전 부산고검장)·김창진(현 부산지검장)을 데려가시라'고 제안했지."

윤석열이 입술에 침을 바른 뒤 다시 말을 이어나갔다.

"그런데 나중에 보니 둘은 부르지 않고, 청와대 민정수석실에서 같이 근무하던 행정관을 데리고 나왔다더라고. 그때 갑자기 든 생각이 '조국이 혹 검찰에 약점을 잡히거나 빚지는 걸 두려워하는 게 아닐까'였어."

앞서 등장한 "검찰총장 임명장에 잉크가 말랐는지 만져볼 정도로 고심했다"는 발언도 그 자리에서 나온 것이다. 결국 조국 수사는 일체의 정치적 의도 없이, 문재인에 대한 충심에서 강행한 고심의 결과였을 뿐이라는 주장이다.

물론 조국이나 민주당 쪽에서는 당시 언론에 조국 관련 의혹을 흘려 수사를 자연발화시킨 것 자체가 윤석열의 작품이었다고 보고 있다. 조국이 기치를 세운 검찰개혁을 저지하기 위해 법무부 장관 임명 전에는 임명 저지를, 임명 후에는 수사를 통한 낙마를 노렸다는 게 조국 측의 시각이다. 물론 그 기저에는 그때부터 이미 윤석열에게 정치적 야심이 있었다는 시각도 깔려 있다.

어느 쪽 주장이 맞는 걸까. 취재팀이 만난 이들 사이에서도 의견

이 팽팽히 갈렸다. 그중 조국 수사를 전후한 시기 윤석열에게 정치
적 야심이 있었다는 주장과 그 근거부터 먼저 살펴보자.

06

김건희 "미친 소리 마세요!" 보수 전향? 그가 맘에 걸렸다

조국 수사 2

테이블 위에 둔 휴대전화가 진동했다. 모르는 번호였지만, 그는 관성적으로 전화를 받았다.

"유재일 씨 되십니까?"

중년 여성의 음성이 수화기를 타고 귓가로 넘어왔다. 약간은 걸 쭉하면서도 허스키한 목소리. 전화를 걸어온 그가 자신을 소개했다.

"김건희라고 합니다. 윤석열 검찰총장 안사람입니다."

2019년 7월 25일 오전 문재인 대통령(가운데)이 청와대 본관 충무실에서
윤석열 신임 검찰총장에게 임명장을 수여한 뒤 기념사진을 찍고 있다.
동석한 김건희 여사에게는 사실상의 공개 석상 데뷔 무대였다. 사진 | 청와대사진기자단

조국 전 법무부 장관에 대한 검찰 수사가 휘몰아치던 2019년 9월 즈음, 정치평론가이자 '친문 유튜버'였던 유재일 씨와 김건희 여사는 이렇게 연을 맺었다.

김건희가 일면식도 없던 유재일에게 전화를 한 건 급변하는 여권의 움직임 때문이었다. "'조국 수사'는 문재인 대통령에 대한 충심에서 시작한 수사였다"는 게 윤석열 부부의 일관된 주장이다. 그런

데 웬걸, 같은 편이라고 생각했던 민주당 지지층의 반발이 거셌다.

김건희는 무척이나 당혹스러워했다.

정의당과 민주당에서 오랫동안 '좌파 짬밥'을 먹은 유재일은 김건희가 이해하기 쉽도록 상황을 설명했다.

김건희는 이날 이후 사실상의 '친문 일타강사'였던 유재일을 신뢰하기 시작했다. 두 사람은 수시로 연락을 주고받았다. 그즈음 유재일 역시 방송과 유튜브에서 조국 수사의 필요성을 주장했다가 민주당 지지층에게서 조리돌림당하던 처지였다. 그와 김건희 사이에는 일종의 연대의식이 싹트기 시작했다.

그러면서 유재일은 현 상황 분석을 넘어 윤석열의 '반전 카드'를 고민하기 시작했다. 그러던 어느 날 불현듯 한 아이디어가 번뜩였다.

유재일의 '깜짝 제안'은 김건희를 펄쩍 뛰게 했다.

"미친 소리 하지 마세요!"

김건희가 숨가쁘게 말을 이었다.

"그게 가능하겠어요? 우리가 박근혜 전 대통령한테 한 게 있는데…"

'우파 대통령' 또는 '좌파 대통령'… 尹의 '대권 꿈' 언제부터?

유재일의 회고는 취재팀에 상당한 힌트가 됐다. 진보 정권 검찰 총장에 대한 '보수 도강渡江' 제의는 그 자신의 경험에 기반해 도출 된 것이었다. 좌파에서 찍힌 유재일은 자신의 세상이 그대로 무너 질 줄 알았지만, 아니었다. 외려 보수 진영에서 열렬한 환영과 함께 이른바 '슈퍼 챗(Super Chat · 유튜브 후원 기능)'이라 불리는 금전적 후원까지 쏟아졌다.

보수 진영으로의 귀순.

위기 뒤에 맞이한 기회였다. 그는 윤석열과 김건희에게도 같은 길을 제시한 것이었다.

이 일화는 어찌 보면 윤석열의 '선의'를 뒷받침하는 또 하나의 방

2022년 4월 12일 윤석열 대통령 당선인이 대구 달성군 박근혜 전 대통령 사저를 찾아 박 전 대통령과 기념촬영을 하고 있다. 윤 당선인에게는 검사 시절 박근혜 특검팀에서 박 전 대통령을 수사해 유죄 판결을 받아낸 이력이 있다. 일부 친박 세력이 여전히 윤석열에 대해 곱지 않은 시선을 보내는 이유다. 사진 | 대통령 당선인 대변인실

증일 수 있다. "보수로 가자"는 제안에 "미친 소리"라고 펄쩍 뛴 김건희의 반응을 반추하면, 적어도 '우파 대통령의 꿈'을 꾸게 한 건 조국 수사 이후, 즉 유재일의 제안 이후였을 가능성이 크기 때문이다.

그러나 '좌파 대통령의 꿈'이라면 어떨까. 취재 과정에서 만난 이들 중 일부는 이와 관련해 꽤 놀랄 만한 증언을 했다. 다시 조국 수사 시기로 되돌아가보자.

당시 윤석열의 지근거리에서 이 사건을 지켜봤던 당시 대검 참모 B는 "조국 일가 수사 진행 과정에서 '윤석열이 정치적 동기를 지닌 것 아니냐'고 의심할 만한 두 가지 사건이 있었다"고 주장했다.

"정경심 오늘 기소 않겠다"던 尹, 돌연 변심

　그가 제기한 첫 번째 사건은 조국 인사청문회가 진행되던 와중인 9월 6일 심야에 벌어진 것이었다. 검찰은 그날 밤 10시 50분 무렵, 조국의 부인 정경심 동양대 교수를 사문서 위조 혐의로 전격 기소했다. 그의 딸이 2012년 9월 7일 동양대 총장상을 받은 것처럼 허위로 문서를 만들었다는 혐의였다. '동양대 총장상'에 기록된 날짜(2012년 9월 7일)를 기준으로 삼을 경우 7년인 사문서위조죄의 공소시효가 그날 자정에 끝난다는 게 검찰이 내세운 전격 기소의 명분이었다.

　정치권은 들끓었다. 대통령이 지명한 국무위원 후보자가 국회 검증을 받는 그때, 행정부 소속인 검찰이 그 후보자의 부인을 재판에 넘기는 초유의 일이 벌어진 것이다. '조국을 임명해선 안 된다'는 검찰의 강력한 경고 메시지로 읽힐 수 있는 대목이었다.

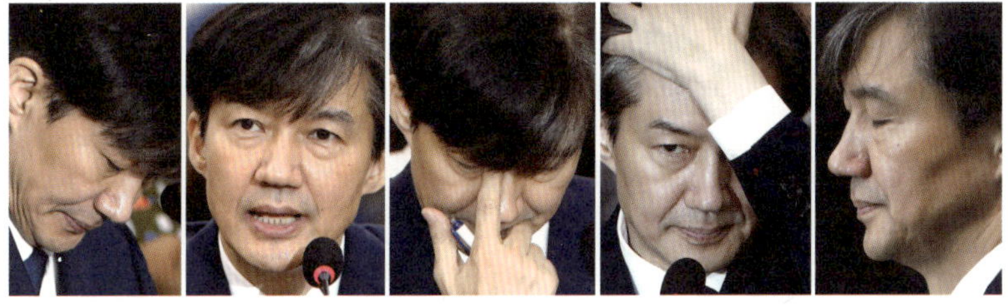

조국 법무부 장관 후보자가 2019년 9월 6일 인사청문회에 참석해 의원들의 질의를 들으며 곤혹스러운 표정을 짓고 있다.

주광덕 자유한국당 의원이 조국 법무부 장관 인사청문회에서 문제의 동양대 총장 표창장과
관련한 질의를 하고 있다.

B는 이와 관련해 흥미로운 증언을 했다.

"윤석열도 애초에는 그날 정경심을 기소하지 않으려 했어"

워낙 이례적이고 민감한 사태였던 만큼 정치적 파장을 우려한
검찰 내부에서도 정경심 기소에 대한 반대 목소리가 만만치 않았
다고 한다. 이와 관련해 B는 "몇 가지 이유 때문에 정경심 기소를
강행할 경우 조국 수사가 정치적 동기에 의한 것이라고 의심받을
까 봐 걱정했다"고 말했다. 다음은 그가 설명한 당시 상황이다.

"쟁점은 역시나 공소시효였어. 몇몇 대검 참모들은 기소 반대 의견을 내면서 '실제 위조한 날짜는 표창장에 적힌 날짜보다 늦었을 가능성이 큰 만큼 공소시효가 지나지 않았을 가능성이 크다'고 주장했어. 만에 하나 사문서위조죄 공소시효가 완성되더라도 다른 혐의를 적용해 표창장 위조 범죄를 처벌할 수도 있었어. 게다가 아직 정경심 소환 조사도 이뤄지지 않은 상태였거든. 무엇보다 청문회 당일 조국 부인을 기소한다면 대통령 인사권에 대한 명백한 도전으로 읽힐 수밖에 없었어."

참모들의 고언은 일단 먹혔다.

"결국 윤 총장도 '오늘은 기소하지 않겠다'고 한발 물러섰지."

하지만 그건 결과적으로 거짓말이 됐다. 대검 참모들의 반대 의견을 수용하겠다고 공언했던 윤석열은 무슨 이유에서인지 약속을 어기고 청문회가 진행되던 와중에 그야말로 전격적인 기소를 단행했다.

주변 사람들은 큰 충격을 받았다. "문재인 대통령을 위한 충심에서 비롯된 것"이라며 윤석열을 방어했던 일부 여권 인사들조차 벌어진 입을 다물지 못했다. 많은 이들이 이 전격적인 청문회 날 심야의 정경심 기소를 윤석열의 정치적 야심이 본격적으로 드러난 장면으로 꼽는 이유다.

조국 전 법무부 장관의 부인 정경심 동양대 교수가 영장실질심사에 출석하기 위해
법정으로 향하고 있다.

그리고 그 전격적인 정경심 기소의 배경에는 놀랄 만한 '이벤트'
가 있었다.

"尹,
文의 후계자 되려 한 듯"

윤석열 정권 당시 윤석열과 이재명 당시 민주당 대표의 회동을
막후에서 주선했던 함성득 경기대 정치전문대학원장의 저서《위기
의 대통령》에는 주목할 만한 대목이 등장한다. 문재인과 윤석열의

독대 이야기다.

두 사람의 독대설은 2020년 9월 이해찬 전 총리가 먼저 꺼냈다. 그는 2020년 9월 '시사IN'과의 인터뷰에서 "(윤석열의 대통령 독대 요청은) 사실이다. 한 번도 아니고 두세 번을 요청했다. 내가 다 얘기는 안 하지만 있을 수 없는 사안"이라고 말했다. 당시만 해도 윤석열은 "그런 사실이 없다"고 부인했고, 청와대도 말을 아꼈다. 그러나 그건 사실이 아니었다.

B도 독대의 증언자 중 한 명이다.

"조국 일가에 대한 수사 착수 이후 윤 총장은 문재인 대통령과의 독대에 집착했어."

B는 윤석열의 독대 요청 통로로 당시 청와대 고위관계자 C와 더불어민주당 중진 의원 D를 지목하기까지 했다.

"윤석열은 친문 진영에서도 핵심 중의 핵심인 C와 D를 통해 문재인에게 지속해서 독대

함성득 경기대 정치전문대학원장의 저서 《위기의 대통령》

요청을 했어. 윤석열·김건희 부부와 C 부부, D 부부는 부부 동반으로 종종 술자리를 가질 정도로 아주 가까운 사이였거든. 결국 윤석열은 원했던 대로 문재인과의 독대에 성공했어. 내가 알기론 독대가 최소 한 번 이상이었어. 한 번 독대한 건 확실하고, 이후에 몇 번 더 독대했을 수도 있다는 뜻이야."

대통령과 검찰총장의 독대는 그 자체로 부적절하다. 법무부 장관을 완충재 삼아 철저한 정치적 분리 상태를 유지해야 하는 존재들이기 때문이다. 만남의 내용은 더욱 부적절했다. 검찰총장이 중요 수사와 관련한 사안을 대통령과 직접 조율했다는 뜻이 되기 때문이다. 검찰의 정치적 중립이 크게 흔들린 순간이었다. 그것도 뼛속까지 검찰주의자인 윤석열에 의해서 말이다.

윤석열 입장에서는 "사람에게 충성하지 않는다"는 말과 함께 '살아 있는 권력'에 맞서 싸우며 쌓아 올린 '공정', '정의' 따위의 상징 자본이 크게 흔들린 순간이기도 했다. 그는 그런 리스크를 감내하면서까지 왜 무리한 모험을 감행해야 했을까. '수사 진심 전달'만으로는 설명이 안 되는 대목이다.

B는 단언했다.

"윤석열은 자신이 문재인의 대를 이을 후계자라고 생각했던 것 같아."

윤석열이 그때 이미 차기 대통령 자리를 노리고 있었다? 그것도 진보 정권 대통령? 이게 과연 말이 되는 걸까, 아니면 음모론 또는 억측에 불과한 걸까.

윤석열이 '집착'한 대통령과의 독대는 아닌 게 아니라 그 날짜가 묘했다. 하필이면 조국의 국회 인사청문회가 진행 중이던 9월 6일 밤, 문재인과 윤석열은 마주 앉았다. 함성득의 저서에는 그 날짜가 정확히 명시돼 있다.

"조국을 법무부 장관에 임명해서는 안 된다는 윤석열의 주장을 전해 들은 문재인 대통령은 2019년 9월 6일 금요일 오후 태국·미얀마·라오스 3개국 순방을 마치고 청와대에서 윤석열과 단독으로 만나 저녁을 같이했다. 문재인 대통령과 윤석열 간의 단독 만찬은 친문 핵심 실세들과 청와대 참모들이 반대했으나 문재인 대통령의 결단을 통해 이뤄졌다."

독대 자리에서 오갔다고 함성득이 주장한 내용은 더욱 놀라웠다.

"이 자리에서 윤석열은 문재인 대통령에게 조국과 그의 가족이 안고 있는 문제점을 자세히 설명했다. 윤석열의 설명을 다 들은 대통령은 '그럼 조국 수석이 위선자입니까?'라고 물었고 윤석열은 '저의 상식으로는 잘 이해가 안 됩니다'라고 답했다. 또한 윤석열은 문재인 대통령에게 '조국의 부인 정경심을 기소하겠다'고 대답했다."

그다음 부분에는 함성득이 주장하는 '팩트'와 그의 해석이 이어진다.

"이 대화가 품고 있는 의미를 제대로 알아야 한다. 대화의 행간을 제대로 읽으면 당시 법조인 출신 대통령의 의중이 보인다. 검찰총장은 조국을 이해하지 못하겠고 부인 정경심을 기소하겠다고 했다. 문재인 대통령은 조국에 대한 이해를 구하지 않았고 정경심에 대한 기소를 막지도 않았다. 문재인 대통령은 자신의 질문에 대한 윤석열의 대답을 묵시적으로 용인했다. 윤석열의 의사를 존중했고 사실상 승인한 것이다. 그날 문재인 대통령은 '앞으로 조국 문제와 관련해서는 다른 사람을 거치지 말고 박형철 반부패비서관(검찰 출신)을 거쳐 바로 보고하라'고까지 말했다."

야당이 조국을 난타하던 바로 그때 마주 앉아 심상치 않은 대화를 주고받은 문재인과 윤석열. 이후 같은 날 밤 10시 50분 검찰은 조국의 부인 정경심을 전격 기소한다. 이 문제는 생각보다 간단치 않다. 독대가 사실이라면 함성득의 주장대로 문재인은 정경심의 기소를 윤허했거나, 최소한 묵인함으로써 윤석열에게 조국의 퇴진을 사실상 약속해준 것이나 마찬가지이기 때문이다.

여기서 '문재인의 후계자' 이야기가 다시 등장한다. 그 주장을 꺼냈던 B가 말을 이었다.

"윤석열은 문재인의 후계자 자리를 노렸는데, 조국이 법무부 장관이 될 상황이 됐단 말이야. 직제상으론 검찰총장 바로 위로 오는 거잖아. 게다가 조국은 문재인 정부가 내세웠던 검찰 개혁의 실행자라는 위상도 지니고 있었단 말이지. 조국이 장관으로 오면 윤석열은 조국과 후계 구도를 양분하거나, 되레 불리한 위치에 처할 수 있다고 생각했던 것 같아. 대통령과의 독대를 마치고 돌아 나온 윤석열의 그 의기양양했던 모습을 보면서 내가 느꼈던 감정이야."

정적의 제거.

독대를 마치고 나온 윤석열에게서 B가 받은 느낌은, 민주당 일각의 의심과도 상당 부분 맞닿아 있는 것이었다.

당시 윤석열이 느낀 감정이 일방적인 것만도 아니었던 모양이다. 문재인 역시 오히려 윤석열을 지원하는 듯한 모양새를 취했기 때문이다. 왜 그랬을까.

여기서 서두에 등장한 유재일의 설명을 다시 들여다보자. 윤석열 정권 때 국민의힘 중요 당직을 맡았던 E가 전한 이야기는 그 설명을 보완해준다.

"윤석열 대통령에게 들은 바로는 조국 수사를 할 때까지만 해도 청와대에서 개입이 없었다고 해요. 왜 그랬을까. 당시 문재인 정권은 '문재인파'와 '이해찬파'로 나뉘어 있었고 서로 알력 다툼이 심했는데, 조국은 당시 문재인파가 아니라 이해찬파였다는 거지. 그

즉 당시 여권 내 권력 투쟁 과정에서 윤석열이 충분히 '문재인의
후계자'라고 느낄 만한 대접을 받은 측면도 분명 존재했다는 이야
기다.

07

"尹, 본인을 文 후계자로 생각"
그날 밤 그들의 '위험한 독대'

조국 수사 3

윤석열은 분명 문재인 정권 중반까지만 해도 '정권의 황태자'로 불리기에 부족함이 없었다. 그는 지방 고검을 전전하던 자신을 구제해준 문재인 대통령을 위해 국정농단, 사법농단 사건을 진두지휘하며 분골쇄신 충성을 다했다. 그 결과 '우리 총장님'이라는 문재인의 격찬과 함께 검찰총장 자리에 앉았다.

국정원 댓글 수사 과정에서 쌓은 대중적 인지도도 충분히 높았다. 그는 분명 몇 안 되던 '스타 검사'였다.

이와 같은 윤석열의 당시 입지를 생각해보면 "문재인의 후계자를 꿈꿨다"는 당시 대검 참모 B의 주장이 말이 안 되는 건 아니다.

국정원 댓글사건 수사팀장이던 윤석열 여주지청장이 2013년 10월 21일
국정감사장 엘리베이터 앞에서 기자들에 둘러쌓여 있다.

비록 뼛속까지 보수로 알려진 윤석열이지만, 신념과 소신에 따라 정치를 하는 이가 얼마나 될까.

정치 입문 토대가 닦였을 무렵의 위치와 정치적 유불리를 따져 진영을 결정하는 게 많은 현실 정치인의 행보다. 실제 그에게는 2014~2016년 안철수 당시 국민의당 대표, 양정철 전 청와대 홍보기획비서관으로부터 '반反보수 진영'을 통한 총선 출마 러브콜을 받고 심각하게 고민했던 전력도 있었다.

그런 전제 하에서 독대 자리로 돌아가보자. 앞서 언급한 함성득의 저서 내용대로 그는 문재인으로부터 정경심 기소에 대한 윤허를 받아냈다. 취재팀이 어렵게 설득해 마주 앉은 당시 윤석열의 측근 F가 독대 직후의 윤석열을 묘사했다.

"대통령과 독대를 마친 뒤 윤석열은 자신감에 차 있었어요. 대통령이 자신을 엄청 신뢰한다는 거예요. 게다가 대통령이 조국을 사퇴시키기로 자신에게 약속했다는 말도 했어요. 이후 '윤석열의 문재인에 대한 충성심은 여전하다'는 식의 기사도 여럿 나돌아다녔을 거예요. 다 윤석열의 언론플레이였죠."

"'문재인의 정권이 아니구나'
직감했을 것"

하지만 두 사람의 독대가 있고 나서 불과 사흘이 지난 9월 9일, 문재인은 조국의 법무부 장관 임명을 강행한다. 문재인의 마음이

조국 신임 법무부 장관이 취임식을 마친 뒤 직원들과 인사하고 있다.

흔들린 걸까, 아니면 문재인이 윤석열을 속였던 걸까.

복수의 취재원에 따르면 진실은 전자에 가까워 보인다. 문재인은 윤석열을 신뢰했지만, 그를 둘러싼 다수의 주변인은 윤석열을 믿지 못했다. 특히 문재인 정부의 또 다른 '대주주'였던 이해찬 민주당 대표가 문재인을 막아섰다. 다음은 이해찬의 '시사IN' 인터뷰 중 일부 내용이다.

"나는 조국을 임명해야 한다고 봤어요. 이인영 당시 원내대표도 같은 생각이었습니다. 임명이 검찰개혁 의지의 바로미터라고 봤습니다."

조국 법무부 장관이 이해찬 더불어민주당 대표를 예방하고 있다.

당시 상황을 담은 2019년 9월 9일자 중앙일보 1면 기사엔 당시 상황을 엿볼 수 있는 장면이 수록돼 있다.

"문재인 대통령이 9월 8일에는 조국 법무부 장관 후보자를 장관으로 임명하지 않았다. 전날부터 문 대통령이 마음만 먹으면 언제든 조 후보자를 장관으로 임명할 수 있는, 이른바 '대통령의 시간'이 시작됐다. 하지만 문 대통령은 주말 동안 결정을 미룬 채 장고했다. (중략) 민주당에 따르면 이해찬 대표는 2시간 동안 열린 당·정·청 회의에서 (조국 임명) '적격'이라는 당 의견을 전했다고 한다."

이는 당시 조국 임명 강행 기류를 눈치챈 검찰이 수집한 정보와도 엇비슷한 내용이다. F의 말이다.

"당시 검찰이 파악하기론 자신을 임명하지 않을 거란 대통령의 심경을 미리 읽은 조국이 좌파 진영의 한 유력자를 찾아가 하소연을 했다고 합니다. 여권의 한 축인 민주당의 반대가 거셌던 것도 사실이고요. 이에 조국을 퇴진시키려던 대통령의 마음이 결국 흔들렸다고 윤석열은 판단했습니다. 당시 이 상황을 보면서 윤석열은 '이 정권이 문재인의 정권이 아니구나'라고 처음 직감했을 겁니다."

결국 윤석열은 문재인이 조국 임명을 강행하기 하루 전인 8일 김조원 당시 민정수석에게 사의를 표명한다.

"조국을 임명하면 저의 조국 수사 의견에 대한 불신임이니 저는 사임하겠습니다."

하지만 그의 사의 표명은 두 가지 이유로 식언食言이 된다. 하나는 대통령과의 독대를 주선했던 C와 D 등의 간곡한 사퇴 만류, 또 하나는 검찰 조직에 대한 그의 책임감이었다. 윤석열은 사의를 거둬들이며 "조국에 대한 수사를 더욱 철저히 하겠습니다"란 결심을 김조원에게 전달했다. 이 사실을 전해 들은 대통령은 "조국에 대한 수사를 철저하게 하라"고 화답했다고 한다.

김건희, "남편이 文 정권 구하려다 배신당했다"

2021년 8월 코바나컨텐츠 사무실에서 '서울의소리'가 녹음한 김건희의 발언을 보면 당시 조국 수사를 바라보는 윤석열의 태도, 그가 조국 임명을 전후해 느꼈던 감정들을 일부나마 엿볼 수 있다.

"객관적으로 조국 장관이 참 말을 잘 못 했다고 봐요. 그냥 양심 있게 당당히 내려오고 얼마든지 나올 수 있고 딸도 멀쩡하고. 나는 딸 저렇게 고생한 거 보면 속상하더라고. 쟤(조민 씨)가 뭔 잘못이야. 부모 잘못 만난 거. 처음엔 부모 잘 만난 줄 알았지. 잘못 만났잖아요. 애들한테 그게 무슨 짓이야. (중략) 우리 남편 진짜 죽을 뻔했어요. 이 정권을 구하려다가 배신당해서 이렇게 된 거예요. 그 사실을 일반인들은 모르니까 '윤석열 저거 완전히 가족을 도륙하고 탈탈 털고' 이런 스토리가 나오는 거지. 그렇지가 않습니다. 이 세상이라고 하는 것은. 어떻게 남의 가족을 탈탈 털어요. (중략) 정치라는 게 신물이 나는 거야. 내 편만 옳다는 것 때문에 진영 논리는 빨리 없어져야 돼."

결국 조국은 9월 9일 법무부 장관으로 임명됐다. 이에 따라 대통령의 명에 따라 조국 수사에 박차를 가하는 검찰과 조국을 지키려는 여권 사이에 큰 파열음이 나기 시작했다.

조국의 장관 임명장 수여식은 이례적으로 생중계됐다. 격려와 웃음이 충만해야 할 축하의 자리였지만 대통령은 물론이고 조국도, 청와대 고위 참모들도 누구 하나 제대로 미소조차 짓지 못했다. 마치 이것 때문에 정권의 내리막이 올 것을 예견했던 것처럼. 불과 한달여 전 윤석열 검찰총장 임명장 수여식 당시 웃음이 넘쳐나던 것과 비교해도 천양지차였다.

이날 문재인은 "본인이 책임져야 할 명백한 위법행위가 확인되지 않았는데도 의혹만으로 임명하지 않는다면 나쁜 선례가 될 것"이라고 조국을 변호했다. 그러면서도 "조 장관의 경우 의혹 제기가 많았고 배우자가 기소되기도 했으며 임명 찬성과 반대의 격렬한 대립이 있었다. 국민 분열로 이어질 수도 있는 상황을 보면서 대통

문재인 대통령이 2019년 9월 9일 조국 법무부 장관에게 임명장을 수여한 뒤
기념촬영을 준비하고 있다. 사진 | 청와대사진기자단

령으로서 깊은 고민을 하지 않을 수 없었다"고 토로했다. 이어 두고
두고 회자하는 유명한 말을 남긴다.

"검찰은 검찰이 해야 할 일을 하고, 장관은 장관이 해야 할 일을 해
나간다면 그 역시 권력 기관의 개혁과 민주주의의 발전을 분명하
게 보여주는 일이 될 것입니다."

윤석열은 이런 대통령의 말을 새겨 들었다. 전날 그가 자신에게
전달한 '수사 철저' 당부를 곱씹으며. 이 때문이었을까. 문재인이 조
국을 법무부 장관으로 임명한 바로 다음 날, 또 하나의 중대 사건이
발생한다.

법무부 "윤석열 배제 조국 수사팀" 제안,
격노한 尹

"지금 검찰의 중립을 흔들겠다는 거야?"

2019년 9월 9일 윤석열 검찰총장이 격노했다. 대검 회의에 모인 참모들 앞에서였다.

그날 그는 여러모로 심기가 불편할 수밖에 없었다. 당일 열린 박상기 전 법무부 장관 이임식이 시발점이었다. 검찰을 대표해 이임식에 참석한 강남일 당시 대검 차장에게 김오수 당시 법무부 차관이 다가섰다. 그는 "개인적 생각"이라고 전제하면서 이렇게 말했다.

"검찰이 특별수사팀을 구성해 조국 장관을 수사하면 어떻겠나. 단, 윤 총장은 제외하고."

공교롭게도 같은 날 이성윤 법무부 검찰국장 역시 한동훈 대검 반부패부장에게 전화를 걸어 "윤 총장과 대검 반부패 지휘라인을 배제한 특별수사단을 꾸려 조 장관 일가 수사를 맡기는 게 어떻겠냐"며 같은 취지의 제안을 했다고 한다.

훗날 김오수가 "윤 총장 배제 발언은 없었다"는 취지로 말하는 등 '진실게임' 양상이 벌어지긴 했지만, 큰 틀에서 저런 형태의 제안이 있었다는 게 법무·검찰 관계자들의 대체적인 증언이다.

2019년 10월 15일 국정감사장에서 김오수 법무부 차관(오른쪽)과
이성윤 검찰국장이 상의하고 있다.

윤석열이 뒤집어진 건 당연한 수순이었다. 조국 일가 수사를 두
고 정권과 검찰이 일촉즉발의 긴장감을 유지하던 상황이었다. 티
끌만 한 오해도 전면전을 부를 '트리거'가 될 수 있는 판에 검찰총
장을 수사에서 배제하자는 주장이 나온 것이다. 그건 윤석열의 검
찰 지휘권을 무력화하자는 말과 다르지 않았다. 그런 제안이 복수
의 법무부 간부 입에서 동시에 나왔다는 건 윗선과의 조율 가능성
까지 의심할 정황이었다.

　게다가 그날은 박상기의 이임일이었을 뿐 아니라 조국의 장관
취임일이기도 했다. 윤석열로서는 격노할 만한 사정이 연이어 중
첩됐던 셈이다.

당시 현장을 목격한 대검 간부 G의 설명이다.

"윤 총장이 한동훈에 대한 이성윤의 제안을 보고받은 뒤 노발대발했어요. 과천에 갔던 강남일 대검 차장이 회의에 늦게 참석하자 '차장님도 혹시 비슷한 제안을 받았느냐'고 소리치기도 했어요. 윤 총장 입장에선 정권이 명백하게 자신을 배제하려 한다고 생각했던 것 같습니다."

그랬던 윤석열을 참모들이 진정시켰다. 확전을 막기 위해서였다. 이미 대통령이 조국에 대한 철저한 수사를 당부한 데다, 특별수사팀 제안도 단박에 거절한 뒤였다. 후속 상황 없이 검찰이 섣불리 나선다면 정권과의 일전을 각오해야 한다는 현실적 판단이 작용한 조처였다. 윤석열도 그 자리에서는 참모들의 의견을 새겨들었다고 한다.

"언론플레이 나선 尹, 정치하려나"…
검사들도 의심

그런데 다음 날, 일이 벌어졌다. 현안 보고를 위해 총장 집무실 앞에서 대기하던 한 참모에게 윤석열의 통화음이 들려왔다. 본의 아니게 그걸 엿듣던 그는 깜짝 놀랐다.

"여보세요? ○기자? 나 윤석열이야."

해당 참모는 윤석열이 통화를 마치자마자 집무실로 뛰어들어갔다.

"총장님. 기자에게 전화하신 겁니까. 이 사안을 이런 식으로 일방적으로 언론에 흘리면 안 됩니다. 뒷감당이 어렵습니다."

그러나 이미 엎질러진 물이었다. 그날 저녁과 다음 날 아침 유력 언론 톱뉴스는 "'조국 법무부'가 윤석열을 뺀 '조국 수사팀'을 만들자고 제안했다"는 내용으로 새카맣게 도배됐다.
당시 대검 간부 H의 설명이다.

"'윤 총장이 집무실에서 기자에게 전화하다가 부하 직원에게 들켰다'는 소문이 대검에 삽시간에 퍼졌어요. 윤 총장이 수사할 때 언론을 잘 이용한다는 건 유명한 얘기지만, 그때는 정권과 일전을 벌일 각오가 아니라면 언론플레이를 하기 어려운 상황이었거든요."

그가 말을 이었다.

"그런데 법무부의 제안이 곧바로 언론에 보도되고, 해당 보도의 진원震源이 윤 총장이란 소문이 나면서 검사들도 윤 총장의 순수성에 대해 의구심을 갖게 됐어요. '윤 총장이 사실은 정권과 각을 그날 이후 여권과 검찰의 관계는 급속도로 악화했다. 야권은 일제히 조국 사퇴를 종용했고, 여권 지지층은 서초동 대로를 점거한 채 윤석열에 대한 항의 집회에 나섰다. 날로 악화하는 여론에 못 이긴 문재인은 결국 조국의 퇴진을 용인했다. 그렇게 조국은 취임 35일 만인 2019년 10월 14일에 법무부 장관직을 자진 사퇴했다.

설상가상으로 윤석열이 또 다른 사건에 손을 대면서 정권과 윤석열은 '돌아올 수 없는 강'을 건너게 됐다.

조국 법무부 장관이 사퇴 의사를 밝힌 뒤 차에 오르기 전 기자들의 질문에 답하고 있다.

08

尹 "도청하는 놈, 다 들으라 해!"
추미애 대학살 인사 때 무슨 일

조국 수사 4

"조국 일가 수사와 '유재수 전 부산시 경제부시장에 대한 청와대 감찰 무마 사건' 수사 때만 해도 별다른 언급이나 개입 시도를 않던 청와대가 '청와대의 울산시장 선거 개입 및 하명 수사 의혹'(이하 울산 사건)에 대한 수사 움직임을 보더니 완전히 달라졌어."

윤석열의 옛 대검 참모 B의 설명이다.

'울산 사건'의 요지는 2018년 지방선거를 앞두고 문재인 청와대가 송철호 민주당 후보를 울산시장에 당선시키기 위해 상대 후보이자 당시 시장인 김기현(현 국민의힘 의원)을 낙선시키려는 목적으

로 경찰에 표적 수사를 지시했다는 내용이다. 송철호는 문재인의 '절친'이었다. 쉽게 말해, 대통령의 친구를 울산시장으로 만들기 위해 청와대가 움직였다는 게 의혹의 골자다.

이 사건은 원래 울산지검에서 1년가량 수사 중이었다. 하지만 윤석열은 2019년 11월 26일 그 사건을 서울중앙지검으로 이첩했다. 그러자 그때까지 인내하던 청와대가 움직였다. 대검 간부였던 법조인 I의 증언이다.

"울산 사건이 '역린'을 건드린 모양이에요. 이첩 소식이 전해지자마자 청와대 민정수석실로부터 대검 고위 간부에게로 연락이 왔다고 합니다. 이 간부가 전화를 받자마자 청와대 인사는 '대통령의 말씀을 전하겠습니다. 지금부터 대통령에 대한 항명으로 간주하겠습니다'라고 말했답니다."

청와대는 참지 않았다. '대통령의 친구를 당선시키기 위해 청와대를 움직였다'는 의혹이 사실이라면 청와대 최고위층까지 검찰의 사정 대상이 될 수밖에 없는 상황이었다.

尹 퇴장 뒤 文 따로 찾은 김오수…
그날 靑·檢은 갈라섰다

윤석열에게는 빤히 예상 가능했던 청와대 반발을 무릅쓰고 이 사건을 서울중앙지검으로 끌어올려야 했던 이유가 있었을까. I가 힌트를 줬다.

"울산 사건을 서울로 이첩하기 전인 11월 8일에 청와대에서 문 대통령이 직접 주재하는 청와대 반부패정책협의회가 열렸어요. 조국 일가 수사 착수 이후 윤 총장이 공식적으로는 대통령과 처음 대면하는 날이었지요. 검찰은 협의회 이틀 전에 '세월호 참사 특별 수사단' 설치를 발표하며 정권에 일종의 유화 제스처를 보냈어요."

이날 행사에서 문재인과 윤석열 사이엔 묘한 기류가 흘렀다. 문

문재인 대통령과 윤석열 검찰총장이 2019년 11월 8일 반부패정책협의회에서 인사하고 있다.
사진 | 청와대사진기자단

재인은 다른 참석자와 마찬가지로 윤석열과 악수했고, 윤석열은
문재인을 향해 두 번 허리를 굽혔다. 그리고 문재인이 심상치 않은
발언을 했다.

"이제부터의 과제는 윤석열 총장이 아닌 다른 어느 누가 검찰총장
이 되더라도 흔들리지 않는 공정한 반부패 시스템을 만들어 정착
시키는 것이라고 생각합니다."

듣기에 따라선 검찰총장을 바꿀 수도 있다는 의미로 해석될 수

2019년 11월 8일 반부패정책협의회가 끝난 이후
문재인 대통령이 청와대에서 김오수 법무부 차관, 이성윤 검찰국장으로부터
'검찰개혁 추진 경과 및 향후계획'에 대한 보고를 받고 있다.
청와대는 이 사진을 사흘 뒤인 11월 11일에 뒤늦게 공개했다. 사진 | 청와대사진기자단

있었다. 정확하게 106일 전 검찰총장 임명장 수여식 때 "우리 윤 총장님"이라 부르며 덕담을 건네던 장면과는 명확하게 대비됐다.

게다가 사흘 뒤, 청와대는 몇 장의 사진을 공개하며 검찰을 또 한 번 뒤집었다. 바로 그 반부패정책협의회 직후 문재인이 법무부의 김오수 차관과 이성윤 검찰국장 등을 따로 만나 검찰개혁 경과를 보고받는 장면이었다.

검찰은 분노했다. I의 말이 이어진다.

"사진을 보면 검찰개혁 보고에 윤석열이 배제된 게 명확하게 드

러났죠. 게다가 당시 법무부는 '검찰총장의 중요수사 단계별 보고', '직접수사 부서 축소' 방안 등을 검찰개혁안으로 보고했어요. 현실화되면 검찰은 조국 일가 수사는 물론, 울산 사건까지 진행 상황을 법무부에 보고해야 하는 거예요. 더군다나 축소한다는 직접 수사 부서에 조국 일가 수사를 하는 특수부와 울산 사건을 수사하던 공안부가 포함됐어요. 대검 수뇌부는 청와대와 법무부가 울산 사건 수사를 막기 위해 해당 방침을 추진한 것으로 판단했습니다. 사건을 서울중앙지검으로 끌어올린 주요 이유였죠."

울산수사 강공에 추미애 내세운 文… 尹 '손발' 잘랐다

이처럼 윤석열이 울산 사건 수사 의지를 명백히 보여주자 정권은 곧바로 행동에 돌입했다. 그해 12월 1일부터 '형사사건 공개금지 규정'을 시행해 검찰 홍보의 손발을 묶고, 이듬해인 2020년 1월 2일 강경파 추미애 의원을 법무부 장관으로 임명했다.

추미애는 임명 엿새 뒤인 1월 8일 이른바 '대학살 인사'를 통해 한동훈 당시 대검 반부패부장을 비롯한 윤석열의 손발을 모조리 잘라냈다. 그리고 극히 이례적인 지휘권 발동과 사상 초유의 검찰총장 징계 청구 등을 통해 윤석열을 무자비하게 몰아붙였다. 자연스레 울산 사건 수사도 사실상 중단됐다. 윤석열 측에선 송철호, 황

운하 등 울산 사건 피고인들이 당해 8월 대부분 무죄 확정 판결을
받은 것과 관련해 당시 정권 차원의 수사 방해가 큰 영향을 미쳤다
고 주장한다.

당시 정권에 대한 윤석열의 반감이 얼마나 컸는지를 보여주는
일화가 있다. 대학 동기이자 비상계엄 이후까지 그를 지원했던 석
동현 변호사의 저서 《반드시 윤석열》에 등장하는 내용이다.

"한 시간 가까이 당시 추미애가 정말 미친 듯이 법무부 장관 권한
을 남용하면서 날뛰는 상황에 대해서 이런저런 이야기를 하고 울

116

분도 토하고 서로의 생각을 주고받고 있는데, 제 귀에 자꾸 ‘우우우웅~’ 하는 기계음이 울려요. 저는 이것이 틀림없이 도청이라고 생각했습니다. 그래서 제가 ‘지금 이 전화는 도청이 되는 것 같으니까 다른 전화기로 통화하든지, 다음에 통화하자’라고 했더니 윤 총장이 ‘아유, 들으려면 다 들으라고 해!’라는 거예요. 그러니까 도청하는 사람에게 들으라고 경고하는 겁니다.”

그런데 그 과정에서 이상한 현상이 발생했다. 정권과 싸우면 싸울수록 윤석열의 인기가 올라갔다. 정권의 핍박이 극에 달했던 2020년 1월 31일 세계일보가 실시한 차기 대선주자 여론조사에서 그는 지지율 10.8%를 기록했다. 이낙연 전 총리에 이어 전체 2위이자 보수 진영 인사 중 1위였다.

황교안(10.1%), 유승민(4.4%), 안철수(4.3%), 홍준표(3.3%), 오세훈(3.1%) 등 기라성 같은 보수의 대권 주자들이 모두 정치인도 아닌 그의 아래에 있었다.

문재인 정권과 완전히 척을 진 윤석열은 이런 인기를 등에 업고 결국 보수로의 도강을 결심하게 된다. 정치평론가 유재일의 증언대로 “보수로 가서 대권을 잡아야 윤석열이 산다”는 조언을 수용해 실천하기 시작한 것이다.

이상이 윤석열이 최소한 조국 수사 전후 무렵부터 정치적 야심을 품고 있었다는 주장에 기반한 설명이다. 비상계엄과 파면 이후 윤석열이 ‘천하의 악당’처럼 인식되면서 이런 시각에 동조하는 국

윤석열, 새보수·무당층 지지 업고 급부상

중도성향 내선 황교안 크게 앞질러

새보수당내서도 유승민과 오차범위

이낙연 32.2%··· TK제외 전지역 선두

최형창 기자 calling@segye.com

차기 대통령 적합도 조사에서는 최근 더불어민주당으로 돌아온 이낙연 전 국무총리가 가장 높은 지지를 얻었다. 윤석열 검찰총장이 급부상한 점이 눈에 띈다.

여론조사에서 이 전 총리에 대한 지지율이 32.2%로 가장 높았다. 이어 윤석열 검찰총장이 10.8%, 황교안 자유한국당 대표가 10.1%의 지지를 얻었다. 이어 이재명 경기지사(5.6%), 박원순 서울시장(4.6%), 유승민 새로운보수당 의원(4.4%), 안철수 전 국민의당 대표(4.3%) 순이었다.

이 전 총리는 대구·경북(TK)을 제외한 전 지역에서 가장 높은 지지를 얻었다. 고향인 호남 지역 지지율은 59.7%에 달했다. 이 전 총리는 전 연령대에서 지지율 1위를 기록했는데, 특히 40대 지지율(43.8%)이 높았다. 보수적 성향이 강한 60세 이상에서도 28.6%로 가장 높은 지지를 얻은 점이 눈길을 끈다.

민주당 지지층에서 62.1%로 가장 높았는데 정의당 지지층(38.5%)이나 바른미래당 지지층(25.1%)에서도 가장 높은 선호도를 보였다. 이 전 총리는 이념별 조사에서 진보 성향이라고 답한 응답자의 50.6% 지지를 얻었다. 중도 성향 응답자 중에서도 33.8%로 우위를 점했고, 보수 성향 응답자에서도 15.7%로 나

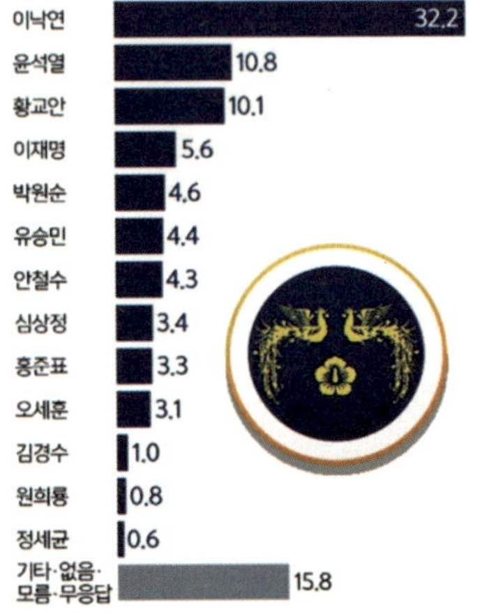

타났다.

보수 진영에서는 윤 총장이 부상하면서 황 대표의 독주 체제가 무너졌다. 윤 총장은 새로운보수당과 무당층의 지지를 등에 업었다. 윤 총장은 무당층 내에서 15.8%로 가장 높은 지지율을 기록했다. 새보수당 지지층 내에서도 28.9%의 지지를 얻어 유승민 의원(29.2%)과 오차 범위 안에서 경합했다. 한국당 지지층은 황 대표(42.3%)를 압도적으로 지지했지만 윤 총장 지지(19.6%)도 상당했다. 윤 총장은 문재인 대통령이 임명했지만 최근 '살아있는 권력'에 메스를 대면서 여권과 각을 세우고 있어 보수성향 지지자들의 호감을 얻은 것으로 분석된다. 윤 총장은 보수 성향 응답자 내에서는 황 대표(26.4%)에게 다소 밀린 19.1%를 기록했으나 중도 성향 내에서는 11.9%로 황 대표(6.3%)를 앞섰다.

윤석열 검찰총장이 보수 인사 중 지지율 1위에 올랐다는 내용의 여론조사 결과를 보도한 세계일보 2020년 1월 31일자 기사. 사진 | 세계일보 캡처

민이 늘어난 것도 사실이다.

하지만 오랜 친구 A의 시각은 다르다.

"조국 수사를 보면서 걱정이 많이 됐어. 그래서 우려를 전하다가 다툼이 벌어졌는데, 그때 별생각 없이 '대검 간부들도 윤석열을 비판적으로 본다. 자기 정치 하는 사람으로 본다'는 이야기 들은 게 생각나 그대로 전했지. 그랬더니 '누가 그런 소리를 하느냐'며 크게 화를 내더라고. 뒤에 알아보니 그때만 해도 그를 비판적으로 본 대검 간부도 없었고, 석열이도 결코 수사를 자기 정치 수단으로 보지 않았어. 내 발언이 신중하지 못했던 거지."

A는 그러면서 윤석열이 정치에 뜻을 품게 된 건 앞서 언급한 세계일보 여론조사 때부터였다고 주장했다. 윤석열도 이 주장은 부인하지 않았다.

2021년 6월 29일 공식 정치 입문 및 대선 출마 선언을 했던 윤석열은 그다음 날 국회 기자실을 찾았다가 세계일보 부스에서 농담성 하소연을 들었다.

"총장님을 여론조사에 처음 넣었다가 호되게 고생했습니다."

그러자 윤석열은 다음과 같이 대답했다.

"그때 그 조사 아니었으면 내가 여기까지도 안 왔어요."

그는 2024년 5월 일부 기자들과 만난 자리에서도 다음과 같이 말했다.

"그때 세계일보 여론조사에서 보수 1위로 나왔을 때부터 (정치권 진출에 대한) 마음이 조금씩 생겼어."

하지만 그게 결정적 계기는 아니었다는 게 윤석열의 설명이다. A 가 윤석열에게서 직접 들은 이야기를 전했다.

"2021년 2월 신현수 민정수석이 패싱당하고 문재인 대통령이 박범계 신임 법무부 장관과 직접 검찰 인사하는 걸 본 게 정치 입문을 결심하게 된 결정적 순간이었다'고 석열이가 이야기했어. 그 전까지는 긴가민가하면서도 신현수를 등용하는 걸 보고는 '아직 대통령이 나에 대한 신뢰가 있구나'라고 생각했대."

이와 관련해 당시 상황을 잠시 살펴보자. 검찰총장 직무정지와 법정 투쟁을 통한 극적 복귀, 그리고 뒤이은 정직 2개월 의결로 추미애 법무부 장관과 윤석열의 갈등이 최고조에 달했던 2020년 12월 16일 '문재인 청와대'는 뜻밖의 결정을 내린다. 윤석열이 아니라 추미애를 사실상 내보낸 것이다.

추미애 법무부 장관이 이임사를 하고 있다. 사진 | 법무부

그리고 12월 30일 박범계 민주당 의원을 후임 장관으로 임명했다. 그 역시 강경 검찰개혁론자였지만 윤석열과는 사법연수원 동기라는 인연이 있었다. 세 살 연상인 윤석열을 사석에서 '석열이 형'이라 부를 정도로 안면이 있는 편이기도 했다.

게다가 바로 다음 날인 12월 31일 청와대는 신현수 변호사를 민정수석으로 임명했다. 그는 문재인 정권의 첫 검사 출신 민정수석이었고, 윤석열의 서울대 법대 1년 선배였다. 윤석열 입장에서는 두 인사를 보고 정권이 화해의 손길을 내밀었다고 판단했을 수 있다. 역시 A의 이야기다.

"석열이가 '아, 대통령이 아직 나에 대한 신뢰가 있구나. 그래 저 형 (신현수)하고 잘 해서 내가 검찰총장 임기를 제대로 끝내야겠다'라

박범계 법무부 장관(오른쪽)과 윤석열 검찰총장(왼쪽)이 2021년 2월 5일 서울고검 청사에서 만나 검찰 인사에 대해 논의를 하고 있다. 사진 | 법무부

고 생각했대.”

실제 윤석열은 정권과의 해빙에 대한 기대감을 품고 자체적으로 검찰 간부 인사안을 마련한 뒤 박범계 신임 장관과 조우했다. 통상의 경우대로 장관과 인사 협의를 하기 위해서였다.

그러나, 당시 검찰 간부들에 따르면 박범계는 윤석열이 들고 온 인사안을 거들떠보지도 않았다. 그러고는 “조국 전 장관에 대한 수사는 지나쳤다”며 윤석열을 비판했다. 윤석열은 크게 실망했다. 그리고 그와의 만남이 끝난 뒤 집무실로 돌아와 참모진에게 “에잇! 내가 저런 얘기나 듣고 있어야겠어?”라고 분통을 터뜨렸다.

그 직후 단행된 검찰 간부 인사에 윤석열의 의사는 거의 반영되지 않았다. 박범계는 물론이고 그가 믿었던 신현수 역시 아무런 도움이 되지 못했다. 신현수 역시 그 인사 과정에서 철저히 ‘패싱’당

신현수 청와대 민정수석이
2021년 3월 4일 사퇴 기자회견을
하고 있다. 사진 | 청와대사진기자단

한 처지였다. 신현수는 배신감을 느낀 나머지 임명된 지 두 달도 안 돼 사표를 던졌다.

A가 부연 설명을 했다.

"석열이 말이 그때 자신은 물론이고 신현수까지 철저하게 패싱당하는 걸 보고 '더는 희망이 없다. 이제는 내가 사표를 낼 수밖에 없다'고 생각했다는 거야. 그때부터 '나는 정치의 길로 갈 수밖에 없겠다'고 생각했다는 거지."

마음을 굳힌 윤석열은 신현수의 사퇴 직후이자 자신의 검찰총장 사퇴 직전인 2021년 2월 가까운 이들에게 전화해 "정치를 하겠다. 대선에 출마한다"는 뜻을 직접 전했다. 이 무렵 대선 캠프를 꾸리기 위한 참모 영입에도 돌입한다. 서울 소재 명문 대학 J 교수의 말이다.

"윤석열이 총장직을 던지기 전에 대선 캠프 조직을 꾸리기 위해 여러 분야 인사들을 접촉한 거로 알아요. 특히 정책 자문 그룹 영입을 열심히 했던 것으로 기억해요. 서울대 교수 K와 만나선 열 시간 가까이 이야기를 나누기도 했대요. 자신이 대선에 나설 테니 도와달라면서 말이죠."

그런데 그 과정에서 미처 생각하지 못했던 변수가 등장했다. K의 친인척 중에 박근혜 정부 당시 고위직을 지내면서 윤석열이 포함된 박근혜 특검팀으로부터 고초를 겪은 L이 있었던 것이다. J가 말을 이었다.

"K가 그걸 이유로 캠프 합류에 난색을 보이자, 윤석열이 그 자리에서 L에게 전화를 걸었대요. 그러고는 '그때는 제가 잘못했다'며 용서를 구했다고 합니다. 그 전화 이후 K가 윤석열 정책 자문 그룹에 합류했죠."

2021년 3월 3일 대구고·지검을 방문한 윤석열 검찰총장이 직원들과 인사하고 있다.

이런 윤석열의 움직임을 당시 여권은 실질적인 위협으로 인식했다. 그가 임기 말인 정권과 더욱 각을 벌리는 데다, 각종 여론조사에서 대선 주자 선두권에 이름을 올렸기 때문이다.

범여권에선 그를 저지하기 위해 검사가 퇴직한 후 1년간 공직 후보자로 출마하는 것을 제한하는 이른바 '윤석열 출마 금지법'을 발의했다. 윤석열로서는 리스크 회피를 위해서라도 2022년 3월 9일로 예고된 20대 대선일보다 1년 앞서 검찰총장직을 던져야만 했다.

윤석열은 그렇게 사전 준비를 마친 뒤 2021년 3월 3일 대구고·지검을 방문했다. 그건 일상적인 검찰총장의 지방 순시가 아니었다. 정치 행위였다. 그 '보수의 심장'에는 "윤석열 대통령!"을 외치는 인파가 운집해 있었다.

그렇게 사실상의 정치 입문 선언을 한 그는 바로 다음 날 사표를

윤석열 검찰총장이 사임한 2021년 3월 4일 대검찰청 입구에
지지자들이 보낸 화환이 줄지어 서 있다.

내고 '검사 윤석열'의 삶을 마감했다.

"제가 지금까지 해온 것과 마찬가지로 앞으로도 어떤 위치에 있든
자유민주주의를 지키고 국민을 보호하기 위해 힘을 다하겠습니다."

사직의 변을 남기고 검찰을 떠난 그는 곧 현실이 될 '별의 순간'
을 잡기 위해 '정치인 윤석열'의 길을 본격적으로 걷기 시작했다.

09

"여기가 누구 나와바리라고?"
이준석과 치맥, 尹은 경악했다

대선 1

2021년 7월 25일 건국대 인근의 한 맥줏집 앞. 인산인해였다. 휴대폰을 동영상 촬영 모드로 바꾼 구경꾼들은 맥줏집 통창을 통해 그 내부를 뚫어지게 쳐다보면서 한순간이라도 놓칠세라 열심히 무언가를 찍고 있었다.

피사체는 윤석열 전 검찰총장과 이준석 당시 국민의힘 대표였다. 국민의힘 입당 여부를 마지막으로 저울질하던 그 예비 대권 후보와 그를 스카우트하기 위해 동분서주하던 젊은 정당 대표는 맥주잔을 맞부딪치며 적어도 겉보기에는 즐거운 한때를 보냈다.

몇 잔의 알코올로 불콰해진 그들이 감정을 고양한 순간, 이준석

윤석열 전 검찰총장과 이준석 국민의힘 대표가 2021년 7월 25일 서울 광진구 건국대 인근의 한 음식점에서 맥주 회동을 하고 있다. 사진 | 국회사진기자단

이 무슨 말을 내놓았다. 그러나 윤석열은 선뜻 알아듣지 못했다. 내외부의 구경꾼과 참모들, 기자들이 뒤엉켜 내는 소음과 약간의 취기가 뒤섞인 결과였다. 그는 이준석에게 되물었다.

"뭐라고 하셨어요?"

이준석은 다시 한번 큰소리로 그 말을 되풀이했다. 윤석열은 그제야 그 말을 알아들었다. 그리고 무심코 고개를 끄덕였다.

이준석의 입에서 나온 건 하나의 제안이었다. 그건 그 자리에 없는 또 다른 한 사람의 이름과 결부돼 있었다. 별생각 없이 그 제안을 수용한 윤석열은 그러나 시간이 흐를수록 원인불명의 찜찜함을 느꼈다. 그는 주위를 두리번거리기 시작했다. 그와 눈이 마주친 한 참모가 그에게 다가갔다.

윤석열은 그에게 나지막이 이준석의 제안을 알려줬다. 그리고 조용히 해석과 조언을 기다렸다. 그 참모는 그 제안의 내용과 거기 등장하는 제3의 인물의 이름을 듣는 순간 깜짝 놀랐다. 이준석의 제안은 다음과 같은 내용이었다.

"우리 내친 김에 오세훈 시장도 만날까요? 오 시장 집이 바로 이 근처예요."

그는 오세훈 서울시장과의 3자 회동을 제안한 것이었다. 윤석열이 무심코 고개를 끄덕이면서 3자 회동은 즉각 성사됐다. 그때가 오후 7시 6분이었다. 기자들에게 "오늘 7시 40분 뚝섬한강공원 소재 복합문화공간 '자벌레'에서 윤석열, 오세훈, 이준석이 만난다"는 공지가 공식적으로 타전됐다.

그런데 뒤늦게 '뭔가 이상하다'는 느낌을 받은 윤석열이 참모에게 조언을 구했다. 윤석열과 참모들은 일련의 흐름에 위화감을 느끼기 시작했다. 그들은 그들이 맥주잔을 부딪치고 있는 그 공간의 위험성도 뒤늦게 인식했다.

광진구? 바른치킨? 오세훈?···
"이준석의 술수!"

그곳은 광진구, 바로 오세훈의 지역구였다. 그러고 보니 아무 의미 없는 글자에 불과했던 그 맥줏집의 이름도 달리 보였다. '바른치킨'이라는 상호는 한때 오세훈과 이준석이 함께 몸담았던 '바른정당'을 연상시켰다.

오세훈은 어쩌면 윤석열이 대권 가도에 가장 먼저 만날 수 있는, 그리고 가장 큰 걸림돌이 될 수 있는 인물이었다. 그리고 이준석은 오세훈과 절친한 사이였다. 그해 4월 7일 진행된 서울시장 보궐선

2021년 4월 7일 서울시장 보궐선거를 앞두고 진행된 거리유세에서
이준석 국민의힘 선대위 뉴미디어본부장이 오세훈 후보를 소개하고 있다.

거에서도 이준석은 국민의힘 선대위 뉴미디어본부장으로 맹활약
하면서 오세훈 당선의 일등공신이 됐다.

순간 윤석열과 참모들은 '이준석의 술수에 넘어간 것 아니냐'는
공포감을 느꼈다.

당시 현장에서 윤석열을 배석했던 참모 A의 이야기다.

"그때 회동 장소부터 해서 모든 걸 이준석이 계획했어. 처음엔 아
무 생각 없었는데 오세훈 이름을 듣고 보니까 장소나 가게 이름이
나 모두 이상한 거야."

A의 말이 숨 가쁘게 이어졌다.

"아닌 게 아니라 거기서 '오세훈 집에 가자', '오세훈을 만나자'고 하
는 게 이상하잖아. 윤석열이 입당을 앞두고 언론 스포트라이트를
제대로 받아야 하는 자리인데 갑자기 웬 오세훈이야. 윤석열은 순
간 판단이 잘 안 서는지 참모 쪽을 쳐다보더라고."

A는 당시 대처 경위를 설명했다.

"그러니까 이준석의 발언을 참모들은 이렇게 받아들인 거지. '윤석
열, 너는 국민의힘에 들어오게 돼 있고, 들어오는 순간 원 오브 뎀
one of them이 되는 거야' 이런 게 깔렸었다고 본 거야. 이준석이 기선

을 잡으려 했던 거라고 본 거지. 윤석열 입장에서는 '이자가 지금 무슨 짓을 하는 거지? 누구를 가르치려고 하나!'라는 생각이 들 수 밖에 없는 순간이었어."

위기감을 느낀 윤석열 측은 급히 판을 뒤집었다. 첫 발표로부터

윤석열 전 검찰총장이 2021년 7월 30일 전격적으로 국민의힘에 입당한 뒤 기념촬영을 하고 있다. **사진 |** 사진공동취재단

불과 17분 뒤인 오후 7시 23분쯤 "거리 두기 등으로 인해 야외지만 긴급 모임을 취소하게 됐다"는 궁색한 이유와 함께 '3자 회동' 취소 소식이 전파됐다.

그 회동으로부터 5일 뒤인 7월 30일, 국민의힘 당사가 발칵 뒤집혔다.

윤석열이 기습적으로 쳐들어왔다. 그리고 입당했다. 명색이 그 당의 대표였던 이준석은 지방 일정 때문에 자리를 비운 상황이었다.

'빈집 입당'으로 불린, 그 이해하기 힘든 행보의 배경은 도대체 무엇이었을까. 왜 윤석열은 정치를 공식적으로 시작하는, 그 중요한 순간에 그런 돌발행동을 했을까. 이제부터 그 배경을 살펴보자.

전격적인 '빈집 입당', 도대체 왜?

윤석열은 좀처럼 확답을 주지 않았다. 검찰총장직에서 물러난 게 2021년 3월 4일. 그는 이후 몇 개월 동안 사람들을 만나면서 장고를 이어갔다. 명확한 건 보수 진영의 편에 서서 정치를 할 것이라는 사실뿐이었다. 보수를 대표하는 제1 야당 국민의힘에 입당할지,

윤석열 전 검찰총장이 2021년 6월 29일 서울 서초구 매헌 윤봉길 의사 기념관에서
정치 입문 및 대선 출마 선언을 한 뒤 지지자들의 응원을 받으며 퇴장하고 있다.

아니면 따로 사람들을 모아 제3 세력을 구축할 것인지 등은 오리무
중이었다.

그는 잠행 4개월이 가까워지던 6월 29일 드디어 매헌 윤봉길 기
념관에서 정치 입문 및 대선 출마 선언을 했지만, 그때도 국민의힘
입당 여부는 밝히지 않았다. 그러면서 국민의힘과의 밀당을 이어
갔다.

카운터파트는 이준석이었다. 그는 비록 윤석열보다 스물다섯 살
이나 어렸지만, 정치 경력과 정치 감각은 훨씬 더 길고 예리했다.
치열한 막후 협상 끝에 사실상 국민의힘 입당을 확정한 뒤 가졌던
일종의 단합대회가 바로 광진구 맥주 회동이었다.

입당일 확정 하루 뒤에 뜬
그 단독 기사

그로부터 사흘 뒤인 7월 28일 윤석열의 자택인 아크로비스타에 윤석열과 이준석 등 국민의힘 관계자들이 모였다. 김건희 여사도 동석했다. 그 자리에서 그들은 윤석열의 입당을 확정했고, 택일도 했다. 디데이는 8월 2일이었다.

그런데 하루 뒤인 7월 29일 밤 인터넷 언론 '데일리안'에 기사가 하나 떴다. 제목은 '[단독] 윤석열, 8월 2일 국민의힘 입당한다'였다.

그 전날의 회동에서 합의한 내용이 그대로 보도된 것이다. 윤석열은 확인차 전화한 중앙일보 기자와 다음과 같은 문답을 주고받았다.

Q 기사 맞아요?

A 아냐 아냐. 그날 입당 안 해.

Q 그럼 언제 해요?

A 참나… 어쨌든 그날은 안 해. 날 믿어.

Q 그럼 왜 이런 기사가 나온 거죠?

A (누군가) 흘린 건데…. 안 되겠네! 이거!

'윤석열이 오늘 기습 입당한다'는 기사가 뜬 건 바로 그다음 날 오전이었다. 그때의 문답은 다음과 같다.

2021년 7월 29일 인터넷 언론인 데일리안에 단독 보도된 윤석열의 국민의힘 입당 기사.
사진 | 데일리안 캡처

Q 기사 맞아요?

A 응, 지금 당사로 가고 있어. 기사 써도 돼.

Q 아니, 갑자기? 이준석 대표랑 김기현 원내대표 모두 지방에 있는데요?

A 그런 건 상관없어. (입당 사실을) 다 말해준 상태니까.

도대체 왜 그랬을까. 당시 윤석열의 참모 A는 바로 그 기사를 이유로 들었다.

“‘8월 2일 입당’ 단독 보도를 한 기자가 이준석과 아주 가까운 사이였어. 그래서 윤석열이 ‘이준석이 흘렸다’며 노발대발했어. 그 기사를 ‘오보’로 만들고 기사를 흘린 이준석을 바보로 만들기 위해 사흘 앞당겨서 기습적으로 입당한 거야.”

그런데 당시 정보를 흘린 게 이준석이 아니라는 주장도 있다. 윤석열·김건희 부부와 가까운 B의 이야기다.

“윤석열이 8월 2일 입당에 합의한 뒤에 그 사실을 이른바 ‘윤핵관(윤석열 측 핵심 관계자)’으로 불린 최측근 의원에게 말해줬어. 그 의원이 그걸 측근을 통해 ‘데일리안’에 흘린 거야. 그러고는 ‘이준석 언론플레이에 이렇게 끌려가면 안 된다’고 윤석열을 부추겨서 기습 입당하도록 하는 식으로 이준석을 엿 먹인 거야.”

이유는 하나…
“이준석이 미우니까!”

이처럼 기사 유출 경위에 대해서는 의견이 엇갈리지만 많은 이의 의견이 일치하는 대목도 있다. ‘이준석’이다. A의 해석은 간명했다.

“기습 입당은 뭐, 이준석이 미우니까 그렇게 한 거야.”

2022년 7월 26일 권성동 국민의힘 원내대표가 윤석열 대통령과 주고받던
문자 메시지 내용이 공개돼 논란이 일었다. 윤 대통령은 당시 이 문자 대화에서
이준석 전 대표를 "내부 총질이나 하던 당 대표"라고 비난했다. 사진 | 국회사진기자단

이준석에 대한 윤석열의 감정은 훗날 '내부 총질 문자' 사건 등에
서 여실히 드러난다.

그는 일말의 저어함 없이 감히 유력한 '예비 대통령'에게 입바른
소리를 해대던, 아들뻘의 연하 당 대표가 생래적으로 마음에 들지
않았다.

게다가 그의 주변에는 이준석의 적이 많았다. 그들은 입을 모
아 윤석열에게 "이준석을 경계해야 한다"고 주지시켰다. 그중에는
"이준석이 오세훈을 대선에 출마시키고 자기가 서울시장이 되려
고 한다"는 음모론 수준의 주장도 있었다. 그런 상황에서 오세훈과
의 '3자 회동' 시도가 진행되고 입당일이 언론에 흘러나가는 사고

까지 발생하자 이준석에 대한 윤석열의 의심이 커지고 감정이 악화한 것으로 보는 게 온당할 것이다.

"싫은 건 내색해야 직성 풀린다"

거기에 윤석열의 개인적 특징까지 결부되면서 돌발행동으로 이어졌다는 게 주변인들의 대체적인 의견이다. 다음은 A의 해석이다.

"윤 대통령은 좀 애 같은 면이 있어. 자기가 싫으면 그걸 내색하고 싶어 해. '나, 너 싫어해'라는 식으로 대놓고. 그런 환경에서 오래 살아왔으니까 그런 성격이 발현되는 거지."

지난 정권 각료였던 C도 비슷한 인상 비평을 했다.

"윤 대통령은 원래 그런 분이야. 한번 자기가 하겠다고 하면 해야 하지. 또 주변과 공유 없이 전격적으로 하는 걸 좋아해. 기습 입당이 그 전형적인 사례지."

가장 큰 피해자인 이준석은 여전히 명확한 이유를 알지 못했다.

"나도 전혀 모르겠더라고요. 그래서 이유를 찾다 찾다 생각한 게 오세훈 시장 때문인가 싶었던 거죠. 그런데 그건 말이 안 돼요. 오 시장은 그때 지방선거 끝난 지 얼마 안 돼 대선에 나올 만한 그런 상황도 아니었어요."

그렇게 윤석열의 정치는 많은 이를 어리둥절하게, 혹은 불쾌하게 만들면서 돌발적이고 불안정한 모습으로 시작됐다.

10

"생전 처음 듣는 욕이었다"…
유승민에 지적당한 尹 폭발

대선 2

"박영수 특검이 화천대유 게이트에 연루된 것을 보니까 이 자리에 검사, 판사 출신이 있어 죄송하지만, 우리나라 판·검사들이 이렇게 더럽게 썩었습니까. (박영수 특검팀에서) 박근혜 전 대통령에 대한 45년 구형의 핵심적 역할을 한 분 아니십니까."

2021년 9월 26일 서울 마포구 채널A 스튜디오. 국민의힘 대선 경선 3차 방송토론에서 유승민 후보가 윤석열 후보를 몰아붙였다. 판·검사를 싸잡아 비판하면서 검사 출신이자 박영수와 관계가 깊은 윤석열에게 선공을 가한 것이다.

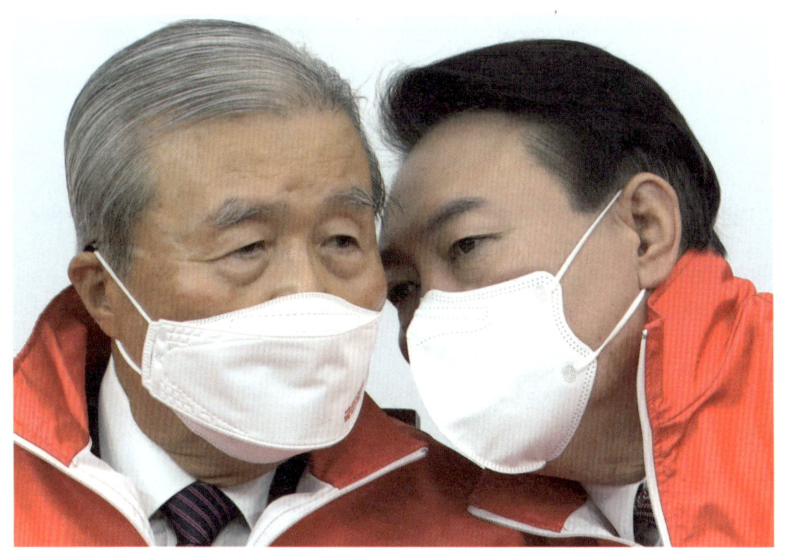

윤석열 국민의힘 대선 후보와 김종인 국민의힘 총괄선거대책위원장이
2021년 12월 27일 중앙선거대책위원회의에서 대화하고 있다.

윤석열의 눈에서 불꽃이 튀었다. 그는 유승민의 발언이 끝나자
마자 '30초 발언 찬스'를 요청했다. 그건 토론회 전체에서 단 한 번
만 주어지는 매우 귀한 시간이었다. 그만큼 윤석열이 격앙됐다는
의미다. 발언권이 주어지자 윤석열은 역시 에둘러 가지 않았다.

"아니, 유 후보님은 부친도, 형님도 다 법조인이신데 어떻게 그렇
게 말씀을 하십니까."

유승민의 부친은 판사 출신의 유수호 전 의원, 형은 유승정 전 서

2021년 10월 서울 여의도 KBS 본관 스튜디오에서 열린 국민의힘 대선 경선 후보자 토론회에서 윤석열, 유승민 후보가 악수하고 있다. 사진 | 국회사진기자단

울남부지법원장이다. 윤석열은 그렇게 유승민에게 직설적으로 반격을 가하고도 마음이 풀리지 않았던지 계속 표정이 좋지 못했다.

토론이 끝나고 주차장으로 이동하는 길, 연도에는 각 후보의 지지자들이 도열해 후보들의 이름을 연호했다. 많은 수의 참모들도 후보들이 차에 오르기를 기다리며 밀집해 있었다.

후보들이 막 차에 오르려는 그 순간, 어디선가 고성이 터져 나왔다. 발원지는 윤석열이었다. 그 순간 어찌된 일인지 함께 차에 오르려던 윤석열의 참모 한 사람이 덩달아 목소리를 키웠다.

다음은 당시 차량 동승자로부터 그때 상황을 전해 들었다는 윤석열 정권 참모 A의 이야기다.

"차 문이 채 닫히기도 전에 윤석열이 분을 참지 못하고 소리 높여 유승민을 욕하기 시작했대. 그 소리가 밖으로 나가서 다른 사람들이 다 들을 수 있을 정도였다고 해. 그것도 일회성이 아니라 차가 출발한 뒤에도 좀처럼 감정을 추스르지 못하고 계속 욕을 했다는 거야. 그게 거의 10분 동안 이어졌대. 동승자가 '생전 처음 들어보는 욕을 다 들어봤다'고 하더라고."

A의 말이 이어졌다.

"함께 차에 탄 참모는 왜 목소리를 키웠느냐고? 윤석열의 욕설을 다른 후보 지지자들이 못 듣게 하려고 그런 거야. 자기가 목소리를 키워서 그 욕설 소리를 덮으려 했던 거지."

자신만만했던 윤석열의 대선 행보는 그러나, 예상외로 만만치 않았다. 그를 받들어 모셔도 부족할 것 같던 국민의힘은 막상 입당 후 그를 '원 오브 뎀'으로 치부했다. 홍준표, 유승민, 원희룡 등 경험 많은 경쟁자들도 정치 초보인 그가 상대하기에는 버거웠다. 게다가 이른바 'X파일'과 '개 사과 사태' 등 김건희 여사를 둘러싼 논란으로 지지율은 하락 일로를 걷고 있었다.

그리고 대선 승리를 위해 꼭 필요했던 한 사람이 좀처럼 자기 뜻대로 움직여주지 않았다. TV 토론 과정에서의 저 과도했던 격노는 사면초가의 답답함이 한꺼번에 폭발한 결과일 수도 있었다.

그중에서도 그 한 사람의 행보는 윤석열의 신경을 계속 건드리고 있었다. 그와의 줄다리기는 벌써 몇 개월째 이어지고 있었다.

윤석열과 김종인, '밀당'하다

"내가 윤석열 전 총장을 만나고 싶어 안달 난 사람이 아니야!"

2021년 5월 초, 전화기 너머에서 김종인 전 국민의힘 비대위원장이 불쾌감을 감추지 않았다. 그 직전 4·7 서울시장 보궐선거 승리를 견인하면서 또 한번 한국 최고의 '킹메이커'이자 특급 구원투수로서의 면모를 유감없이 보여줬던 그다.

그랬던 그의 눈에 새롭게 들어온 이가 막 검찰총장이라는 짐을 벗어던진 윤석열이었다. 김종인은 "반기문과는 달라 보인다"며 윤석열을 호평했다. 그러나 윤석열은 의외로 선뜻 곁을 내주지 않았다. 2021년 3월 4일 검찰을 떠난 뒤 몇 개월간 장고를 거듭하면서도 김종인을 만나려 하지 않았다.

그런 기류가 알려지면서 정계에는 "윤석열이 김종인의 러브콜을 거부했다"는 식의 루머가 나돌기 시작했다. 기자가 김종인과 통

김종인 국민의힘 비상대책위원장이 2021년 4월 8일 국민의힘 의원총회에서
4·7 서울시장 보궐선거 승리를 자축하면서 박수를 치고 있다.
승리의 일등공신인 그는 이 행사 직후 비대위원장직에서 물러났다.

화했던 5월 초가 바로 그 무렵이었다. 김종인의 '해명'이 이어졌다.

"내가 '킹메이커'로 윤석열 전 총장을 도울 거라고 쓰는 건 지나친
상상력이고 나를 모욕하는 거야. 문재인 정권은 교체해야 하니까
그쪽에서 만나자고 하면 만나보고 그릇이 될 거 같으면 조언 정도
해볼까 한 것뿐이야."

윤석열은 공식적으로 정계 입문 및 대선 출마 선언을 한 이후, 즉
7월 초가 돼서야 김종인에게 연락을 취했다. 그리고 두 사람은 함

께 가기로 잠정 합의했다. 그러나 둘은 여러 번 삐걱거렸다. 가장 큰 문제는 '사람'이었다.

윤석열 vs 김종인·이준석…
선대위 구성 난항

천신만고 끝에 경선에서 승리해 대선 후보가 된 윤석열은 자기 사람과 함께 대선을 치르고 싶었다. 권영세·권성동·정진석·장제원·주호영·윤한홍 등 경선 캠프에서 일했거나 공공연히 윤석열 지지를 선언했던 이들이 그 면면이었다. 거기에는 훗날 '윤핵관'이라 불리던 이들이 다수 포함돼 있었다.

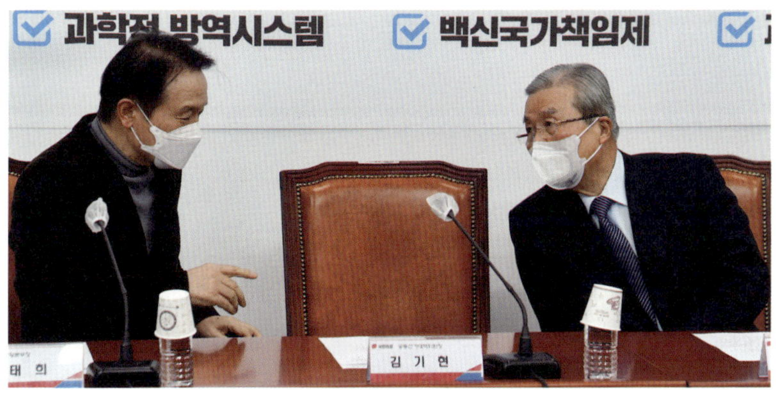

국민의힘 코로나19 극복을 위한 비상대책회의에서
김종인 총괄선대위원장과 임태희 총괄상황본부장이 대화하고 있다.

하지만 김종인은 자신의 '정적'이 다수 포함된 그 진용이 마뜩잖았다. 김종인은 윤석열에게 다른 이름들을 제시했다. 당시 윤석열 캠프에서 일했던 B에 따르면 2021년 11월 초 선거대책위원회 구성을 앞두고 김종인이 제시한 명단에는 임태희, 금태섭, 원희룡, 윤희숙 등의 이름이 적혀 있었다.

윤석열의 고민이 깊어졌다. 그는 답변을 미룬 뒤 이준석 국민의힘 대표와 머리를 맞댔다. 자기 사람을 한 명이라도 더 넣기 위해서였다.

"이 사람은 어때요?"

윤석열이 내놓은 이름 앞에서 이준석은 냉정해졌다.

"'할배'가 싫어해요."

이준석은 선대위 구성에 있어서 그 '할배', 즉 김종인과 뜻을 함께했다. 윤석열은 경선 캠프 및 주변의 비선 캠프 등에서 활동했던 이들과 함께 매머드급 선대위를 꾸리고 싶어 했다. 하지만 김종인과 이준석은 선대위 단합에 저해 요인이 될 수 있는 '윤석열의 대리인'들이 선대위에 대거 침투하는 걸 경계했다. 이와 관련해 이준석은 당시 방송 인터뷰에서 이렇게 말했다.

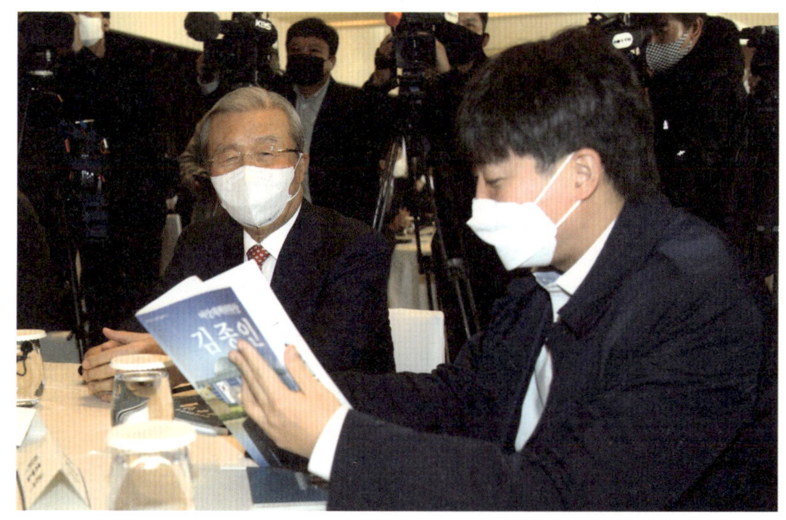

국민의힘의 김종인 전 비상대책위원장과 이준석 대표가 2021년 11월 15일 김 전 위원장 출판기념회장에서 만나 대화를 나누고 있다. 사진 | 국회사진기자단

"제가 선거 과정에서 '하이에나'를, 김종인 위원장은 '파리 떼'를 언급했는데 어느 지점에 우려를 가졌는지 윤석열 후보는 잘 전달받을 필요가 있습니다. 윤 후보가 냉정해질 시점이 오지 않았나 생각합니다."

그러나 윤석열은 냉정해질 의사가 없었다. 오히려 김종인과 이준석의 심기를 건드릴 수 있는 새 사람을 데리고 왔다. 노무현 정권에서 청와대 정책실장과 부총리를 지낸 김병준 전 자유한국당(국민의힘 전신) 비대위원장이었다.

'김병준' 카드에
김종인 격노하다

김병준은 윤석열과 죽이 맞았다. 윤석열의 입당 이전인 2021년 7월 19일 일찌감치 이뤄졌던 두 사람의 회동에 동석했던 C의 이야기다.

"두 사람이 6시간이나 함께 있으면서 와인을 여러 병 마셨어. 곁에서 느끼기엔 '케미(호흡)'가 아주 잘 맞았어. 윤석열이 자존감 강한 호랑이 스타일이라면 김병준은 콘텐트가 있으면서 진중하고 부

2021년 12월 7일 국민의힘 선대위 1차 회의에서 윤석열 후보와 김종인 총괄선대위원장(왼쪽), 김병준 공동상임선대위원장(오른쪽)이 논의를 진행하고 있다. 사진 | 국회사진기자단

하지만 그건 김종인에 대한 모욕이었다. 두 사람은 악연이 있었다. 김병준은 2021년 초 김종인 비대위 체제를 비판하면서 김종인을 "지나가는 사람"이라고 폄훼했다. 언론 인터뷰에서는 김종인의 전력을 거론하며 "뇌물 받은 전과자"라고 비난하기도 했다.

김병준뿐만이 아니었다. 윤석열은 오랫동안 숨은 조력자였던 김한길 전 민주당 대표까지 데리고 왔다. 언론이 그들과 김종인을 묶

윤석열 국민의힘 대선 후보가 2021년 11월 21일 김한길 전 민주당 대표와 만나 악수하고 있다. 윤석열의 멘토 중 한 명으로 불린 김한길은 이후 새시대준비위원회 위원장직을 맡게 된다.
사진 | 국회사진기자단

어 '신 3김 시대'라는 조어를 쓰면서 확고부동한 '원톱'이던 김종인의 위상은 단숨에 추락했다. 화가 난 김종인이 선대위 합류에 대한 확답을 주지 않으면서 선대위 구성은 계속 지체됐다.

윤석열은 일부 '윤핵관'을 선대위에서 배제하는 등의 성의를 보였지만 김종인의 태도는 달라지지 않았다. 당초 선대위 출범일로 예고했던 11월 20일은 이미 지나갔다. 민주당은 이미 11월 2일 선대위를 발족해 발 빠르게 뛰고 있는데 국민의힘은 금쪽같은 하루하루를 허비하고 있었다.

"김종인 없이 가도 돼!"···
윤석열의 폭발

윤석열의 기분이 좋을 리 없었다. 당시 막후 조율을 했던 윤핵관 중 한 명의 이야기다.

"윤 후보가 불같은 사람인데 정말 많이 참았어. 내가 김종인하고 계속 통화하고 만나면서 조율했는데, 그 결과를 보고할 때마다 후보가 꾹 참는 게 다 보였어."

그러나 인내에도 한계가 있었다. 윤석열은 11월 22일 폭발했다. 그날 회의에 참석했던 D는 다음과 같이 분위기를 전했다.

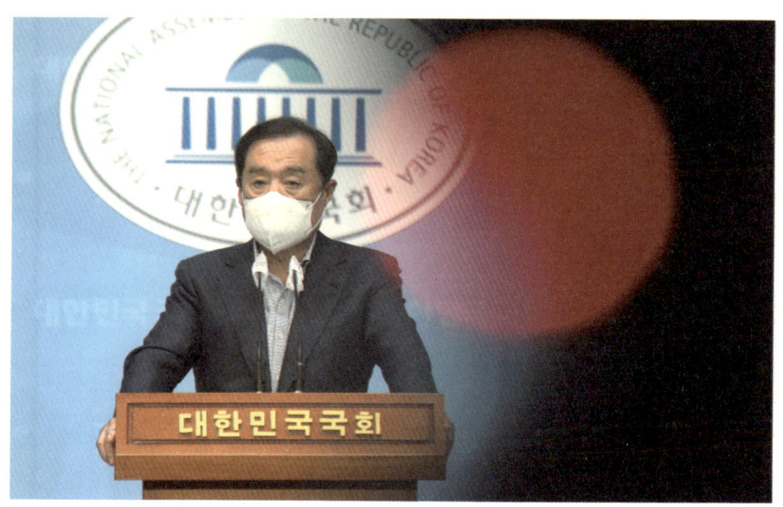

김병준 국민의힘 상임선대위원장이 2021년 11월 28일 서울 여의도 국회 소통관에서 국민의힘 선대위 출범을 공식화하는 내용의 기자회견을 하고 있다.

"윤석열이 김종인 관련 불만을 격하게 드러내면서 '김종인이랑 같이 가지 않을 수 있다'고 강하게 말했어. 거의 손으로 책상 치는 듯한 제스처를 취하면서 김종인에게 엄청나게 화난 사람처럼 참석자들을 몰아붙였어. 그 순간 '대형 사고다'라는 생각이 확 들더라고."

윤석열은 11월 24일 김종인과의 만찬 회동마저 성과 없이 끝나자 11월 28일 강수를 뒀다. 김종인 없이 김병준을 상임선대위원장으로 임명해 선대위를 발족해버린 것이다. 그걸로도 모자라 다음 날 선대위 주요 인사들을 이끌고 김병준의 지역구인 세종을 방문했다. 명백히 김병준에게 힘을 실어주는 행보였다.

그렇다고 해서 김종인을 내친 건 아니었다. 직책상 원톱인 총괄 선대위원장 자리를 비워뒀을 뿐 아니라 공식 선대위 출범일을 12월 6일로 공지한 것이다. 김종인에게 그때까지만 기다리겠다는, 마지 노선을 제시한 셈이었다.

'비장의 카드' 홍준표의 등장과 김종인의 극적 합류

그리고 대작전이 시작됐다. 이준석이 자신에 대한 통보 없이 선 대위 발족 선언을 해버린 김병준에게 불만을 표시하면서 당무를 접고 칩거에 들어갔다. 하지만 그는 그 와중에도 물밑에서 김종인 을 계속 설득했다. 그뿐만이 아니었다. 원희룡을 비롯한 다른 이들 까지 동참해 김종인 설득에 팔을 걷어붙였다.

윤석열은 윤석열대로 비장의 무기를 꺼내들었다. 경선의 최대 경쟁자였던 홍준표 전 대구시장과 12월 2일 깜짝 회동한 것이다. 두 사람은 각각 친분이 있는 함승희 전 의원의 주선으로 만나 화기 애애한 시간을 보냈다.

홍준표의 측근인 E에 따르면 홍준표는 측근들에게 당시 회동을 다음과 같이 정의했다.

"김종인에 대한 압박이었어."

윤석열 대통령과 홍준표 대구 시장. 사진 | 대통령실사진기자단

실제가 그랬다. 윤석열은 김종인에게 "당신이 오지 않아도 된다. 우리에겐 홍준표 카드도 있다"는 의중을, 그 회동을 통해 전한 것이었다.

윤석열은 단순한 압박 수단의 수준을 넘어 실제로 홍준표에게 총괄선대위원장을 맡길 의사도 갖고 있었다. 당시 사정을 잘 아는 F의 이야기다.

"윤석열은 실제로 김종인 불참 시 홍준표에게 그 자리를 맡기려 했고 회동 때 그런 의사를 전하기도 했어. 김종인이 극적으로 합류했을 때 이준석이 윤석열에게 가장 먼저 꺼낸 말이 '홍준표에게 전화해야 하는 것 아니냐'였던 것도 그 때문이지. 그러자 윤석열이 '어제 회동 때 다 이야기했다'고 답했어."

윤석열 국민의힘 대선 후보가 선대위 운영에 불만을 품고 울산에 칩거 중이던
이준석 대표를 찾아가 극적으로 화해하고 있다. 오른쪽은 만남을 주선한 김기현 당시 원내대표.

그 양동 작전은 제대로 먹혀들었다. 12월 3일 윤석열은 울산에 칩거 중인 이준석을 직접 찾아가 극적으로 화해했다. 그리고 마치 그 화해의 축포인 양 김종인이 선대위 합류 결정을 내렸다. 그 직후 윤석열은 홍준표에게 전화를 걸어 다음과 같이 말했다.

"감사합니다, 선배님!"

그리하여 국민의힘 대선 조직은 김종인을 원톱으로 한 선대위 체제로 12월 6일 공식 발족했다.

하지만 그들의 동행은 결국 오래가지 못했다. 김종인은 김건희

윤석열 국민의힘 대선 후보와 김종인 총괄선대위원장이 2021년 12월 6일 선대위 출범식에서 포옹하고 있다. 그러나 이들의 동행은 한 달을 넘기지 못했다. 사진 | 국회사진기자단

여사의 허위 경력 논란에 대한 사과 과정에서 윤석열과 갈등을 빚은 데 이어 우려했던 대로 윤핵관과 비선의 준동으로 선대위가 제 역할을 하지 못한다고 판단하자 선대위 발족 한 달 만인 이듬해 1월 3일 총괄선대위원장직에서 물러났다.

윤에 '별의 순간' 안긴 김종인,
국민에 사과하다

서울 광화문 사무실에서 만난 김종인은 한숨부터 내쉬었다. 한때 "별의 순간이 왔다"는 발언과 함께 윤석열을 차기 대통령 감으로 낙점했던 그는 당시 발언을 회고하며 이렇게 털어놨다.

"솔직히 얘기해서 국민께 죄송해요."

대선 당시 그는 윤석열과 판판이 부딪혔다고 한다. 그의 전략은 '중도 확장'과 '2030 표심 공략'이었다. 아직 윤석열을 적극적으로 지지하지는 않지만, 정권 교체에 동의하는 중도층, 또 판세를 관망 중인 2030 표심을 사로잡는 게 대선 승패를 좌우한다고 판단하고 분주히 움직였다.

먼저 꺼내든 카드가 100조 원 규모의 손실보상 기금 마련이었다. 코로나로 피해 본 소상공인·자영업자를 위한 용도였다. 기존 보수 우파 정당의 틀을 깨는 '약자와의 동행' 기조 공약이기도 했다.

"난 '포스트 코로나 대책'을 차기 대통령의 제1의 과제로 봤어. 그런데 누구에게 들었는지 윤석열이 '재정 안정' 운운하면서 돈을 풀지 않기로 해버린 거야."

사퇴의 뜻을 밝힌 김종인 국민의힘 총괄 선거대책위원장이 2022년 1월 5일 자신의 사무실로 출근하면서 취재진의 질문에 답하고 있다.

2030 표심 공략은 이준석을 활용하려 했다. 검찰총장 출신의 다소 경직된 이미지를 가진 윤석열을 30대인 이준석과 붙이는 식으로 상쇄를 노린 것이다. 물론, 이 역시도 순조롭지가 않았다.

"윤석열이 자꾸 이준석에 대해 부정적인 말을 하는 거야. 그래서 내가 '이준석을 내쫓으면 당신 대통령 절대 안 돼. 싫더라도 선거 때까지는 참아'라고 하니까 윤석열이 '왜 이준석을 감싸고 도느냐'고 반발하더라고."

윤석열 측이 김종인을 '패싱'한 채 단행했다가 참극을 빚은 인선 잡음도 문제였다. 딸 부정채용 논란을 일으켰던 김성태 전 의원을 직능

총괄본부장에 임명했다가 하루 만에 사퇴시켰고, 여성 비하 발언 등
으로 물의를 빚은 함익병 씨는 공동선대위원장 내정 단계에서 하차
했다. 청년몫 공동선대위원장으로 영입됐던 '비니좌' 노재승씨마저
극우 발언 논란에 휩싸이면서 3연속 인사 참사라는 오명을 안았다.

"도저히 그렇게 해 가지고는 선거를 치를 수가 없는 지경이었어.
그래서 내가 선대위를 개편하자고 제안하면서 '제발 후보는 해주
는 대로 연기만 했으면 좋겠다'고 했거든. 윤석열이 그걸 고깝게
들은 거야. 자기를 무시한다고 생각한 거지."

그는 결별 직전 윤석열과의 통화 내용도 또렷이 기억했다.

"선대위 해체를 앞두고 윤석열이 전화를 걸어와서는 '왜 위원장님
은 사의 표명을 안 하십니까' 이러는 거야. 그래서 내가 '여보시오.
내가 당신이 도와달라고 해서 온 사람인데 내가 그만두면 그만두
는 거지, 당신한테 뭘 사의를 표해. 그런 짓은 안 한다'고 그랬어.
그때 느꼈지. 이 사람은 앞으로 이게 큰 문제가 되겠구나."

이번에는 윤석열도 그를 잡지 않았다. 윤석열은 선대위를 선대
본부로 개편한 뒤 권영세에게 지휘봉을 맡겼다. 그리고 정치권은
10년 만에 처음으로 '김종인 없는 대선'을 치렀다.

11

"尹 돌았네, 단일화 안 하려 해"
이 말 돌던 尹, 다급하자 보낸 男

단일화 1

통의동은 작다. 경복궁 서편의 이른바 '서촌'에서 여타 '미니 동' 들과 협소함을 겨루는 그 동은 그러나, 가끔 뉴스의 중심이 되곤 한 다. 금융감독원 연수원이 자리하고 있어서다.

민民도, 관官도 아닌 그 '무자본특수법인'은 애매한 정체성 탓에 무시로 자신의 연수원을 힘 있는 이들에게 내줘야 했다. 청와대, 정 부서울청사와 가깝다는 지정학적 이유 때문에 그 연수원은 때로는 고관대작의 청문회 준비 공간으로, 때로는 각종 정부 기관의 임시 거처로 활용됐다.

2022년 4월 11일에도 그랬다. 그때 그곳은 세상의 중심이었다.

윤석열 대통령 당선인(왼쪽 넷째)과 안철수 인수위원장(왼쪽 다섯째)이
2022년 3월 18일 제20대 대통령직인수위원회 현판식에서 기념촬영을 하고 있다.
사진 | 국회사진취재단

향후 5년의 토대를 닦을, 그 시점 최강의 기관인 대통령직인수위원
회가 자리하고 있었기 때문이다. 바로 그날 그 중차대한 공간에서
향후 5년의 물줄기를 단번에 꺾어버린 사건이 발생했다.

"오늘부로 인수위원직에서 사퇴합니다."

인수위원 한 명이 사직했다. 그렇고 그런 24명의 인수위원 중 한
명이 아니었다. 안철수 국민의당 대선 후보의 정사正使로 활약하면서
윤석열 국민의힘 대선 후보와의 역사적 후보 단일화를 성사시킨, 그
리하여 결과적으로 윤석열 대통령 탄생의 일등공신이 된 인물이었

다. 그는 이태규 국민의당 의원이었다.

그의 사퇴는 분명 파열음이었다. 그리고 그 순간 안철수 측이 극적인 막판 단일화에 합의했던 이유, 즉 '윤석열·안철수 공동정부'의 출범은 없던 일이 돼버렸다. 안철수는 그로부터 3년 반 뒤 12·3 비상계엄이 터졌을 때 텅 빈 국민의힘 쪽 좌석을 홀로 독점하는 상징적 장면으로 되돌아오기까지 철저하게 잊혀 지냈다.

안철수는 결국 윤석열에게 배신당했던 걸까. 윤석열에게는 애초에 안철수와 정부를 나눠 가질 생각 자체가 없었던 걸까. 아니 그보다 앞서 유력한 입각 후보였던 이태규는 왜 스스로 밥상을 걸어차면서 '공동정부' 붕괴의 신호탄을 자처했을까.

안철수 국민의힘 의원이 2024년 12월 7일 윤석열 대통령 탄핵소추안 투표를 앞두고
국민의힘 의원들이 모두 퇴장한 가운데 홀로 자리를 지키고 있다.

취재팀은 취재 과정에서 이태규의 인수위원직 사퇴 전날 밤 그동안 알려지지 않았던 하나의 사건이 있었다는 사실을 확인할 수 있었다. 윤석열이 등장하는 그 사건은 가히 놀랄 만한 것이었다.

자초지종을 설명하기 위해 이제부터 이태규의 인수위원직 사퇴로부터 2개월 전, 대선을 앞두고 각 후보 진영이 그야말로 피 튀기는 혈전을 이어갔던 2022년 2월로 시계를 되돌려보겠다.

164

단일화 공식 통로가
만들어지다

2022년 2월 하순, 이태규가 전화기를 붙잡고 은밀한 질문을 던지고 있었다. 그는 아주 중요하고도 긴밀한 협상을 하고 있었다. 그 사실은 누구에게도 알려져서는 안 됐다. 그리고 상대의 답변 여하에 따라 역사의 물줄기가 바뀔 수도 있었다. 그의 전화를 받은 이는 윤석열이었다.

이태규는 윤석열의 사람이 아니었다. 그가 몸담은 곳은 안철수 캠프. 그는 그곳에서 총괄선대본부장이라는 막중한 자리를 차지하고 있었다. 그가 윤석열에게 은밀하게 전화를 건 것은 어쩌면 자신의 후보를 낙마시킬 수도 있는 중대한 사안, 즉 대선 후보 단일화 협상과 관련해서였다.

국민의힘과 국민의당의 물밑 단일화 협상은 그때 중대한 변곡점을 맞고 있었다. 서로 세상의 반대편에 존재하는 듯 멀어 보였던 양측의 거리는 시간이 흐르면서 점점 좁혀졌다. 그리고 어느새 종지부를 앞두고 있었다.

이태규는 도장을 찍기 전 마지막으로 ‘카운터파트’의 신분을 본진에 확인하기로 했다. 그동안 국민의힘 측 ‘단일화 메신저’를 자처한 숱한 이들이 ‘안철수의 사람들’을 거쳐 갔다. 그중에는 공신록에 이름을 올리려는 함량 미달의 어중이떠중이도 적지 않았다.

그러나 이태규가 지금 신원을 확인하려는 이는 좀 달랐다. 그는 자타 공인 윤석열의 심복이었다. 그럼에도 불구하고 이태규는 그가 윤석열의 정사正使라는 사실을 명확하게 확인해야 했다.

가장 확실한 방법? 윤석열에게 직접 확인하는 것이었다. 다행히 이태규는 윤석열과 친분이 있었다. 이태규는 그의 전화번호를 눌렀다.

"후보님, 장제원 의원과 논의를 하는 게 맞습니까? 장 의원이 윤 후보님 대리인 맞습니까? 이 사람하고 이야기하면 다 되는 겁니까?"

윤석열은 주저하지 않았다.

대통령 당선인 비서실장 시절의 장제원.

166

"그래요, 장 의원하고 이야기하면 됩니다. 그게 다 내 뜻입니다. 그렇게 하면 됩니다."

단일화,
명태균에서 시작하다

20대 대선의 마지막, 그리고 가장 중차대한 변곡점은 윤석열과 안철수의 극적인 막판 후보 단일화였다. 그건 이뤄질 듯 무산되고,

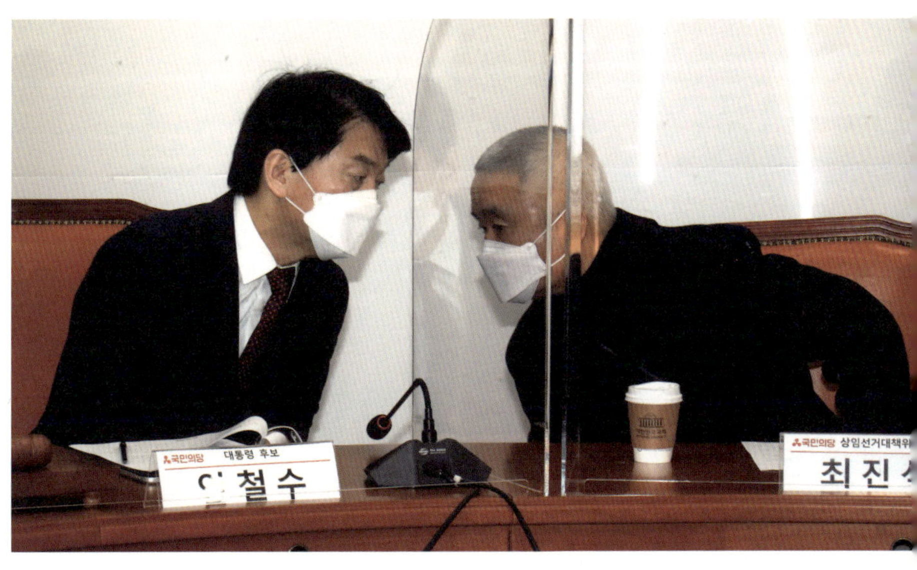

안철수 국민의당 대선 후보가 국민의당 중앙선거대책위원회에서
최진석 상임선거대책위원장과 대화하고 있다.

연결될 듯 파기되기를 여러 차례 반복하다가 대선일을 단 6일 남기고 극적으로 성사된 한 편의 드라마였다. 그 여정의 출발점은 과연 어디였을까. 이야기는 정치 브로커 명태균 씨로부터 시작된다.

"저, 후보님…. 윤석열 쪽에서 유력한 사람이 연락을 해왔습니다."

2022년 초 최진석 서강대 철학과 명예교수가 조심스레 말을 꺼냈다. 안철수가 삼고초려해 상임선대위원장으로 모신 그다. 그의 입에서 윤석열의 이름이 거명된 건 심상한 일은 아니었다.

"그 사람이 '윤 후보가 할 얘기가 있다'고 하는데요, 어떻게 할까요?"

한동안 신중하게 고민하던 안철수가 결정을 내렸다.

"무슨 생각을 갖고 있는지 한번 만나보세요."

취재팀과 마주한 이태규가 단일화 여정의 첫 장면으로 떠올린 그림이다. 최진석이 언급한 그 '유력한 사람'이 누구인지 이태규가 알게 된 건 훗날의 일이다.

"그때 연락을 취해온 유력한 사람이 명태균이었다는 건 최근에 보도를 보고 알게 됐죠."

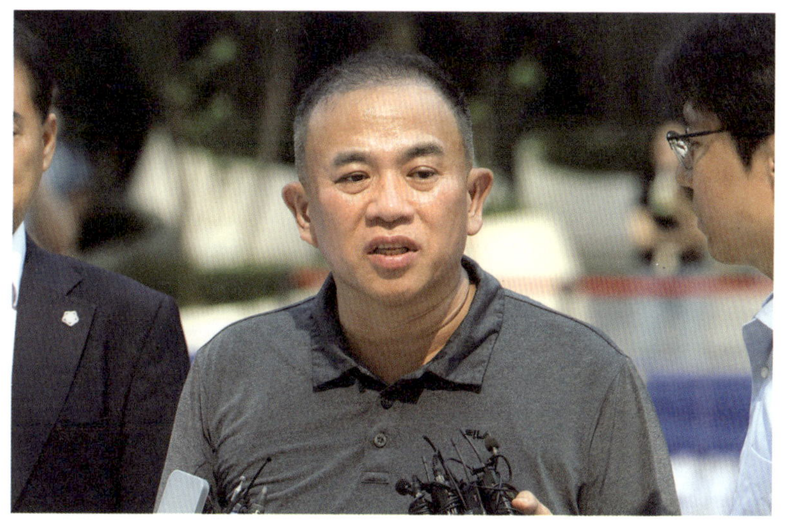

최진석도 훗날 언론 인터뷰를 통해 당시 상황을 설명했다.

"그가 진짜 메신저인지 확인하기 위해 명태균에게 '윤석열 후보와 확인 통화가 필요하다'고 말했죠. 그랬더니 바로 다음 날 윤 후보로부터 전화가 왔어요. 메신저로서의 확실성은 보장된 셈이죠."

최진석의 말이 이어졌다.

"그러나 그 통화에서 단일화에 대한 윤 후보의 절실함이 느껴지지 않았어요. 또 명태균에 대한 윤 후보의 신뢰도 그렇게 강한 것 같

명태균을 매개로 한 첫 단일화 시도는 그렇게 시작도 못 한 채 무산됐다.

소극적이던 尹, 대선 한 달 전부터 움직였다

최진석의 당시 판단은 틀리지 않았다. 윤석열은 처음부터 안철수와의 단일화에 목을 맨 게 아니었다. 대선에서의 승리를 자신하고 있었기 때문이다. 그 자신감의 밑바탕에는 국민의힘의 브레인인 여의도연구원 여론조사가 있었다. 여의도연구원은 "윤 후보가 이재명 더불어민주당 후보를 5~7%포인트 차이로 넉넉하게 이긴다"는 내용의 여론조사 결과를 대선 직전까지 꾸준하게 제공했다.

국민의힘 내부의 주류 여론도 다르지 않았다. 오히려 안철수와 섣불리 단일화했다가 그의 지지층이 이재명 쪽으로 이동할 수 있다는 우려가 나오기도 했다. 윤핵관으로 불리던 한 인사는 2022년 1월만 해도 기자들과의 식사 자리에서 "안철수 지지율이 20%를 넘지 않는 이상 굳이 단일화를 할 필요가 없다"고 밝혔다.

국민의힘 안팎에서는 이런 상황을 우려한 이가 적지 않았다. 그

윤석열 국민의힘 후보와 이재명 더불어민주당 후보가
2022년 2월 21일 TV토론회를 앞두고 인사하고 있다. 사진 | 국회사진기자단

무렵 단일화 메신저를 자처한 명태균이 훗날 '공천 개입' 폭로자가
되는 강혜경 씨와의 통화 과정에서 뱉은 말은 그런 이들의 우려를
대변하고 있다.

"윤석열이가 단일화 안 할라 하네. 단일화 안 한다고. 이긴다고. 사
람이 돌았네. (중략) 안철수하고 단일화를 해버리면 '민주당이 졌
다'고 사표死票가 생겨서 확실하게 이기는데, 그죠?"(출처: 2024년 11
월 23일 JTBC 보도)

그랬던 윤석열 측이 급해지기 시작한 건 2월 들어서였다. 이재명과의 지지율 격차가 좁혀지자 당 안팎에서는 "보다 확실한 길이 있는데 모험을 할 필요가 없다"며 안철수와의 단일화를 촉구하는 목소리가 커졌다. 여기에는 "단일화할 경우 두 자릿수(10%포인트 이상) 격차로 윤석열이 여유 있게 이길 것"이라는 내용의 여의도연구원 여론조사도 한몫했다.

그때부터 두 후보의 사람들이 움직이기 시작했다. 언론에 실명이 언급된 이들만 해도 윤석열 측에서는 장제원·성일종·이철규 의원 등이, 안철수 측에서는 최진석·이태규와 신재현 선대위 상임 고문, 인명진 전 자유한국당(현 국민의힘) 비대위원장 등이 메신저로 은밀하게 활동했다. 2016년 안철수와 국민의당 창당을 주도했으며 윤석열의 '멘토' 중 한 명으로 꼽히는 김한길 전 민주당 대표도 물밑에서 두 사람을 연결하기 위해 동분서주했다.

그들 사이에 여러 개의 '작대기'가 분주하게 오갔고, 그중 한 쌍이 강하게 연결됐다. 장제원과 이태규였다. 그리고 그들의 논의 과정에서 '윤석열·안철수 공동정부'의 틀이 만들어졌다.

윤석열·안철수, 대선 이후까지 내다봤다

여러 차례 '완주'를 공언했던 안철수가 단일화 요구에 귀 기울이

게 된 이유는 무엇이었을까. 여러 이유 중 한 가지는 '정치적 미래'에 대한 고민이었다. 다음은 장제원이 단일화 협상이 진행 중이던 당시 기자에게 해준 이야기다.

"생각해봐. 단일화는 대선 후보 단일화뿐 아니라 국민의힘과 국민의당의 합당도 염두에 두고 진행된 거야. 작은 당을 끌고 큰 당으로 들어오게 되는 안철수 입장에서는 자기 세력이 크게 부족하겠지. 그러니 함께했을 때 우리가 자신의 힘이 돼줄 수 있는지, 그런 부분이 제일 궁금했을 거야."

그렇다면 윤석열에게는 단일화 그 자체만이 이점이었을까. 장제원은 그렇지 않다는 입장이었다. 그의 말이 이어졌다.

"우리 입장에서도 안철수는 도움이 될 수 있어. 임기 중반쯤인 2024년에 총선이 있는데, 그때가 되면 오세훈·이준석·유승민 등 당내 '미래 권력'이 윤석열을 까면서 세를 불리려 할 거야. 외부 출신이라 당내 기반이 탄탄하지 않은 윤석열 입장에선 차기 주자가 확고한 것보다는 최대한 많은 사람이 존재해서 상호 견제하는 편이 낫지 않겠어? 안철수가 '친윤석열계'가 될 수 있고, 우리도 안철수를 도와줄 수 있다는 거지. 이런 식의 공감대가 이태규와 나 사이에 형성됐어."

비록 '사람'은 달랐지만 2024년 총선 당시 벌어진 일을 돌이켜보면 장제원은 나름대로 선견지명이 있었던 셈이다. 그러나 그랬던 장제원도 당시 이태규와의 공감대가 현실화하기까지 엄청난 우여곡절을 거치게 될 거라는 건 미처 예상하지 못했다.

"사실 인수위가 두 개였어요"
배신당한 안철수 입 열었다

단일화 2

"형님, 이게 또 되겠습니까?"

2022년 3월 1일 오후 장제원 국민의힘 의원이 전화기에 대고 하소연성 반문을 했다. 그의 수신자, 아니 그에게 먼저 전화를 걸어온 송신자는 당시 안철수 국민의당 대선 후보 캠프 총괄선대위원장이던 이태규 의원이었다.

장제원의 하소연은 한 번으로 그치지 않았다.

"형님! 이번에도 했다가 안 되면 저는 완전히 바보 되는 겁니다."

단일화 '전권대리인'으로 나섰던 장제원 국민의힘 의원(왼쪽)과 이태규 국민의당 총괄선대본부장.

이태규는 장제원을 달래는 수밖에 없었다. 그에게는, 아니 그의 후보에게는 장제원에 대한 '원죄'가 있었다. 안철수는 이미 장제원의 후보인 윤석열 국민의힘 대선 후보와의 단일화 협상에서 두 번이나 막판 결렬 선언을 하면서 장제원의 체면을 구긴 터였다.

일요일 통으로 비운 尹···
安은 돌연 돌아섰다

그 첫 번째는 2022년 2월 20일. 이태규는 2월 초 윤석열에게 전화를 걸어 장제원이 국민의힘 측 공인 메신저라는 사실을 확인한 뒤 본격적인 협상에 착수했다. 그리하여 '안철수의 국민의힘 안착' 약속을 받고 '윤석열·안철수 공동 정부'의 기본적 틀을 마련한 것이 2월 19일 늦은 밤이었다.

윤석열은 다음 날인 2월 20일 일정을 통으로 비웠다. 대선 직전 천금 같던 일요일 하루를 비운 건 온전히 안철수에게 전념하기 위해서였다. 그런데 일은 예상과 달리 진행됐다. 장제원이 그 무렵 기자에게 해준 이야기다.

"2월 20일 오전 9시 30분쯤 윤 후보가 전화했는데, 안 후보가 안 받았어. 그러더니 10시쯤 '콜백'을 했다고 해. 윤 후보가 '단둘이 만나 논의하자'고 했더니 안 후보가 '실무선에서 미리 논의를 좀 해야 한다'는 취지로 답했다는 거야. 윤 후보가 '그럼 실무자를 지정해달라'고 말하니까 안 후보가 '실무자를 정해 나중에 다시 전화하겠다'고 하면서 통화가 끝났어."

그런데 그 통화로부터 몇 시간 뒤인 그날 오후 안철수는 기자회견을 자청했다. 그리고 단일화 협상 결렬 선언을 했다. 국민의힘 입장에서는 천만뜻밖의 전개였다. 이유가 무엇이었을까. 장제원이 목소리를 높였다.

"바로 그 '실무자'가 화근이었어!"

안철수 국민의당 대선 후보가 2022년 2월 20일 긴급 기자회견을 통해
단일화 결렬 선언을 하고 있다. 사진 | 국회사진기자단

이건 또 무슨 말일까.

"윤석열이 안철수와의 통화에서 인명진 목사를 실무자로 언급했
다고 하는데 그게 원인이었던 것 같아."

당시 안철수 지지 선언을 했던 인 목사는 옛 자유한국당 비대위
원장 출신이라 국민의힘과도 연이 있었다. 자연스레 단일화 메신
저 중 한 명으로 국민의힘의 성일종 의원과 단일화 협상을 진행하
고 있었다. 그러나 당시 그는 안철수와 사이가 좀 틀어진 상황이었

인명진 전 자유한국당 비대위원장(가운데)이 2022년 2월 10일 이익선 전 미래한국당 대변인, 이용구 전 중앙대학교 총장, 주대환 전 민주노동당 정책위의장, 장기표 신문명정책연구원 대표, 이언주 전 국회의원, 임삼진 전 대통령 시민사회비서관과 함께 윤석열, 안철수 후보의 단일화를 촉구하고 있다.

다. 인 목사가 "단일화 무산 시 안철수 지지를 철회하겠다"고 강하게 몰아붙이면서다. 장제원의 주장이 이어졌다.

"인 목사의 이름을 듣더니 안철수가 '좀 생각해보겠다'며 전화를 끊었고, 오후에 단일화 결렬을 선언한 거야."

하지만 안철수 측의 이야기는 다르다. 다음은 안 후보 측에서 활동했던 A의 이야기다.

"안철수가 당시 통화에서 실무자를 언급한 건 진짜로 실무자 협상부터 진행하자는 게 아니라 윤석열에게 '그럴 거였으면 그전부터 실무자를 정해서 접촉을 했었어야 하는 거 아니냐'란 취지로, 항의성으로 이야기한 거야."

다시 말해 윤석열의 단일화 요청에 진정성이 없었던 게 결렬의 이유였다는 얘기다. 실제 안철수는 그로부터 일주일 전인 2월 13일 "여론조사로 단일 후보를 결정하자"고 제안했지만, 국민의힘 측은 묵묵부답으로 일관했다. 안철수가 결렬 선언 기자회견에서 "더는 (윤석열의) 답변을 기다리는 것은 무의미하다고 결론 내렸다"고 밝힌 것도 이와 무관치 않았다.

두 번째 결렬,
그리고 극적 반전

그러나 정치권이다. 그게 끝일 리 없었다. 양측의 물밑 접촉은 곧 재개됐다. 이번에도 협상은 장제원과 이태규가 주도했다. 두 사람은 2월 27일 새벽까지 대화를 이어간 끝에 재차 단일화 방안에 합의하고 각자의 후보에게 낭보를 전했다. 그런데 이번에도 안철수는 단일화를 거부한 채 지방으로 가버렸다. 게다가 "(이태규로부터) 단일화 합의 내용을 보고받은 적도 없다"고 밝히면서 이태규를 당

윤석열 국민의힘 대선 후보가 2022년 2월 27일 안철수 국민의당 대선 후보의
단일화 결렬 선언과 관련해 기자회견을 하고 있다. 사진 | 사진공동취재단

황하게 하기도 했다. 이태규는 기자와 만난 자리에서 당시를 회상
하며 쓴웃음을 지었다.

"당시에 왜 그랬는지는 모르겠지만, 어쨌든 '안 후보가 단일화를
하기 싫은 모양이구나'라고 생각할 수밖에 없었지."

어쨌든 두 번째 협상도 이렇게 무산됐다. 대선까지는 겨우 열흘
이 남은 시점이었다. 다들 단일화는 물 건너갔다고 생각했다. 그러
나 정치는 역시 생물生物이었다.

3·1절 지방 유세를 마치고 돌아온 안철수가 캠프 지휘부와 마주 앉았다. 그리고 이태규에게 협상 재개를 지시했다. 이태규가 장제원을 다시 찾으면서 서두의 대화가 오가게 됐다.

安은 왜 李 아닌
尹을 선택했을까

안철수는 왜 그렇게 오락가락했을까. 2025년 3월 중앙일보 기자와 마주한 안철수가 당시를 회고했다.

"대선 기간 내내 고민이 많았어요. 10년간 제3당을 한 건 '내가 1, 2당에 들어가서 내부를 바꾸는 건 한계가 있다. 외부에서 충격을 줘야 거대 정당들이 바뀔 수 있다'는 생각 때문이었거든요. 대선에 독자 출마한 것도 그래서였고요."

그가 말을 이어갔다.

"그런데 지지율이 좀처럼 오르지 않아서 고민이었죠. 그래서 '마지막 TV 토론 때까지 최선을 다해보고 그래도 당선될 수 없는 환경이라면 한쪽의 손을 들어주겠다'고 결심했어요. 그런데 결국 지지율이 당선 가능한 수준으로 오르지 않더라고요."

그렇다면 왜 윤석열이었을까. 안철수에게 러브콜을 보낸 건 국민의힘만이 아니었다. 오히려 러브콜의 강도는 민주당이 더 강했다. 이태규의 이야기다.

"당시 민주당은 단일화 조건과 관련해 거의 '백지 수표'를 제시할 정도로 적극적이었어요. 그때 이재명 후보가 안 후보 집까지 찾아오겠다고 해서 안 후보가 한동안 집에도 안 들어갈 정도였어요."

공식 선거운동 기간 첫 TV 토론회가 열린 2022년 2월 21일 MBC 미디어센터에서 이재명 더불어민주당 후보가 안철수 국민의당 후보와 인사한 뒤 이동하고 있다. 사진 | 국회사진기자단

그러나 안철수는 애초에 민주당과의 단일화는 전혀 고려하지 않았다.

"두 분 다 단점이 있었어요. 이 후보는 당시 이런저런 범죄 관련 의혹을 받고 있었던 상황이었죠. 윤 후보는 정치에 대한 경험이 거의 없는 분이었고요. 그래도 의혹이 많은 분보다는 차라리 정치 경험이 부족한 쪽의 손을 들어주기로 한 거예요."

물론 안철수가 꾸준히 '문재인 정권', 즉 민주당 정권을 교체해야 한다고 주장했던 부분도 단일화 결단 및 대상 선정 과정에 영향을 미쳤다.

그리하여 3월 2일 밤 마지막 TV 토론이 끝난 뒤 윤석열과 안철수는 마주 앉았다. 장소는 장제원의 매형인 성광제 카이스트 교수의 서울 논현동 집이었다. 왜 그곳이었을까. 장제원의 이야기다.

"우리 매형이 안 후보가 출연한 '동그라미 재단' 2대 이사장이라 안 후보와 가까워. 그래서 정기적으로 부부 동반 모임을 가질 정도로 안 후보와 친분을 이어가고 있었지. 윤 후보도 그 관계를 잘 알고 있어서 '장 의원 매형 집에서 만나면 어떻겠냐'고 말했어. 그래서 매형한테 '가도 되냐'고 물어봤더니 '청소를 미리 좀 해놔야 하나'라고 하더라고."

"종이 쪼가리 대신
저를 믿어주십시오"

안철수가 자정 무렵 먼저 약속 장소에 도착했고, 날짜가 3월 3일로 바뀐 직후 윤석열이 합류했다. 배석자는 장제원과 이태규 단 두 명이었다. 그 자리에 편의점 맥주 네 캔이 놓였다. 다음은 중앙일보 3월 4일자 5면 기사를 중심으로 당시 언론에 실린 두 사람의 대화를 재정리한 것이다.

"이렇게 모였는데 '짠' 한번 하시죠." (윤)
"2016년이었죠? 그때 보궐선거에서 우리가 윤 후보를 당기려고 했었는데." (안)
"(웃음) 기억하시네요. 후보님. 생생하게 기억납니다." (윤)

윤석열도 옛이야기를 꺼냈다.

"이태규 의원과 제가 안대희 전 대법관과 친분이 있는 '안대희 계원'입니다. 제가 이 의원을 진심캠프(2012년 안철수 대선 캠프)에 추천한 사람인 거 아세요?" (윤)
"아니, 저는 김성식 전 의원한테 추천받았는데. 여기저기서 추천한 사람 중 한 명이셨군요."(웃음)(안)

사담은 거기까지였다. 두 사람은 곧 본론으로 접어들었다.

"제가 단일화를 해본 적 있지만, 각서나 종이 이런 것들이 아무 의미 없는 걸 압니다. 문제는 신뢰입니다. 어떻게 신뢰를 주실 겁니까." (안)

"종이 쪼가리가 뭐가 필요합니까. 저를 믿어주십시오. 제가 안 후보님을 믿겠습니다." (윤)

"저는 성공한 정부를 만들고 싶습니다." (안)

"그 생각 저도 똑같습니다. 우리가 새로운 정부를 한번 성공시킵시다. 그게 운명 공동체 아닙니까. 윤석열 정권이 성공한다면 그게 안철수의 미래 아닙니까." (윤)

"성공한 정부를 만들 구상이 있습니까. 내가 돕더라도 윤 후보가 주체 아닙니까." (안)

안철수의 이 질문과 관련해 당시 조선일보는 다음과 같은 해석을 곁들였다.

"공동 정부를 약속하는 윤 후보 측의 약속과 달리 결국 집권 시엔 안 후보의 구상이 배제될 수 있다는 취지의 지적이었다."

부자지간에도 나눌 수 없는 게 권력. 합리적 우려였다. 윤석열은 다음과 같이 답했다.

"제 장점은 결정이 빠른 겁니다. 그런데 저는 결정을 독단적으로

하지 않습니다. 앞으로 국정 운영도 그렇게 하겠습니다. 사람도 널리 쓰겠습니다." (윤)

이어 합당 등에 대한 문답이 조금 더 이어진 뒤 안철수가 후보직 사퇴 의사를 밝혔다. 그러자 윤석열은 안철수와 이태규를 끌어안으며 "이제 우린 동지"라고 외쳤다.

빠르게 잊힌
'공동 정부' 약속

3일 오전 8시 기자회견과 함께 발표된 선언문은 사실상의 '공동 정부' 계약서였다. 선언문 곳곳에 다음과 같이 새 정부가 공동 정부임을 명시한 문장들이 박혀 있었다.

"저희 두 사람은 원팀One Team입니다. 서로의 부족한 부분을 메꾸어주며 반드시 정권 교체를 이루고, 상호보완적으로 유능하고 준비된 행정부를 통해 반드시 성공한 정권을 만들겠습니다. (중략) 협치와 협업의 원칙으로 국민께 약속드린 국정 파트너와 함께 국정 운영을 함께해나가겠습니다. 인수위원회 구성부터 공동 정부 구성까지 함께 협의하며 역사와 국민의 뜻에 부응할 것입니다. (중략) 함께 정권을 교체하고, 함께 정권을 인수하고, 함께 정권을 준

윤석열 국민의힘 대선 후보와 안철수 국민의당 대선 후보가 2022년 3월 3일
단일화 기자회견을 마친 뒤 손을 들어보이고 있다.

비하며, 함께 정부를 구성하여 정권 교체의 힘으로 정치 교체, 시
대 교체가 될 수 있도록 국민의힘과 국민의당, 두 당은 선거 후 즉
시 합당을 추진할 것입니다.”

이렇게 해서 윤석열과 안철수의 단일화는 말 그대로 우여곡절
끝에 마무리됐다. 그리고 윤석열은 대통령에 당선됐다. 그러나 ‘공
동 정부’ 약속은 빠르게 잊혔다. 2025년 3월 중앙일보 기자와 만난
안철수는 그 이야기를 하면서 허탈하게 웃었다.

“(공동 정부) 약속을 인수위까지만 지키고 그 이후에는 어겨버린

거죠.”

그리고 그는 의미심장한 말을 추가했다.

“인수위도 사실은 한 개가 아니었어요. 두 개였어요.”

의아해하는 기자에게 그가 말을 이어갔다.

“정책 쪽은 인수위원장인 저한테 다 맡겼어요. 인수위 종료 직전
에 완성된 ‘110대 국정 과제’ 리포트가 제가 주도한 결과물입니다.
그런데 나머지, 그러니까 인사라든지, 청와대 이전 팀이라든지, 대
통령 취임식 팀이라든지, 국민통합위원회라든지 이런 건 다 대통
령비서실 소속의 일종의 제2의 인수위원회(라고 해야 할까요)?”

기자가 물었다.

“윤핵관 중심의?”
“예, 그렇죠. 그러니까 그런 형태는 지금까지 본 적도 없고 상상도
못 했는데, 어쨌든 그렇게 움직이더라고요.”

표리부동한 두 개의 인수위는 필연적으로 갈등을 빚을 수밖에
없었다. 그 갈등은 곧 하나의 사건과 함께 폭발했다.

13

"니가 뭔데! 내가 대통령이야!"
尹 폭언, 공동정부 끝장냈다

단일화 3

더는 참을 수 없었다. 그는 결심을 굳힌 뒤 전화기를 꺼냈다. 워낙 많이 걸어 익숙해진 그 이름은 쉽게 찾을 수 있었다.

"여보세요?"

상대가 응답했다.

"나 이태규요."

전화를 건 이는 안철수 대선 후보 캠프 총괄선대본부장을 거쳐 대통령직 인수위원 직책을 맡고 있던, 그리고 새 정부의 유력한 행정안전부 장관 후보로 거명되던 이태규 국민의당 의원이었다.

이태규의 목소리가 커지기 시작했다.

이태규는 전화의 상대이자 윤석열·안철수 대선 후보 단일화 당시의 카운터파트였던 장제원 국민의힘 의원에게 답답한 심사를 토로했다. 당시 장제원은 대통령 당선인 비서실장이라는 막중한 자리에 있었다. 그들의 통화가 이뤄진 건 윤석열 대통령 당선과 취임 사이, 그러니까 인수위원회가 한창 굴러가고 있던 2022년 4월 10일 저녁이었다.

상대의 태도가 바뀐 건 '덕담 잔치'가 끝나고 '벼슬'의 주인을 정하는 절차가 시작되면서였다. 애초 안철수의 몫으로 여겨졌던 자리를 '윤석열의 사람들'이 야금야금 먹어 들어오고 있었다.

이태규는 취재팀과 마주 앉은 자리에서 "'이대로 있으면 바보가 되겠다. 잘못된 인사 부분에 대해 짚고 넘어가지 않으면 안 되겠다'

안철수 대통령직 인수위원장이
2022년 4월 인수위 집무실로
출근하고 있다.
사진 | 인수위사진기자단

는 생각이 들어 장제원에게 전화를 걸었다"고 말했다. 그날 오후 지인의 결혼식장에서 걸친 술 몇 잔의 도움도 받았다. 그의 항의에 장제원이 굳어졌다.

"형님, 술 좀 하신 것 같네요. 그런데 그걸 왜 저한테 따지십니까?"

두 사람의 통화는 화기애애와는 거리가 먼 형태로 조금 더 이어

192

지다가 성과 없이 종료됐다.

그리고 얼마나 지났을까. 이태규의 전화기가 울기 시작했다.

"여보세요?"

순간 전화기 너머에서 고성이 터져 나왔다. 윤석열이었다.

"야, 이 ××야!"

이태규는 말문이 막혔다.

"니가 뭔데 내가 인사하는 거에 대해서 왈가왈부하냐!"

이태규가 반격할 겨를도 없이 그는 일방적으로 말폭탄을 쏟아냈다.

"나는 대통령이야! 나는 뭐든지 다 할 수 있어, 내 마음대로!"

한참을 혼자 떠들던 그는 마지막으로 한마디를 남겼다.

"그 인수위원 자리도 내놔!"

그러고는 일방적으로 전화를 끊었다.

윤석열의 폭언,
'공동정부' 끝장냈다

기억에 근거해 당시 통화 내용을 전한 이태규는 그 이후 상황을 추가로 설명했다.

"윤석열의 목소리가 하도 커서 우리 집사람도 옆에서 다 들었대요. 윤석열이 일방적으로 말을 쏟아내는 바람에 대응할 기회도 없었어요. 겨우 정신을 차리고 맞받아치려고 하니까 일방적으로 전화를 뚝 끊어버렸어. 너무 화가 나서 내가 윤석열에게 전화를 걸었는데 안 받아. 세 번이나 걸었는데 다 안 받았어."

그때부터 고민이 시작됐다고 한다.

"'이게 뭐냐 도대체. 이 사람이 이런 사람이었나. 내가 알던 윤석열은 이런 사람이 아닌데' 하는 생각이 머리를 떠나지 않았죠. 윤석열이 그때 술 먹은 거 같았냐고? 뭐 그랬을 가능성도 있겠지. 사과? 아니, 그 뒤로 사과받은 적 없어요."

그는 결심했다.

"집사람에게 '이런 상황에서는 내가 일을 안 하는 게 맞겠다'고 말한 뒤에 다음 날 안철수 인수위원장에게 문자를 보냈어요. '이런 일이 있었는데 도저히 참을 수 없다. 나는 더 일할 생각이 없고, 더 못하겠다'라고. 그랬더니 안 위원장이 '그러면 안 된다'면서 말렸어. 그렇지만 '아무리 생각해도 이건 아니다'라는 생각이 바뀌지 않았어요."

이태규는 다음 날인 4월 11일 오전 인수위 전체 회의에 불참했다. 그리고 그날 오후 언론을 통해 "인수위원직을 사퇴하겠다. 입각할 의사도 없다"고 공표한 뒤 의원실 직원을 통해 인수위 출입증까

이태규 "인수위원 사퇴" … 안철수계 입각 0명에 화났나

윤·안 단일화 이끈 안철수 최측근
"입각 의사 전혀 없다" 입장문
인수위, 안철수계와 갈등설 나오자
최진석 교육부총리 입각 거론도

대통령직인수위원회 기획조정분과 위원인 이태규(사진) 국민의당 의원이 11일 인수위원을 사퇴하고 내각에도 참여하지 않겠다고 선언했다. 이 의원은 이날 입장문을 통해 "오늘부로 인수위원을 사퇴한다. 저에 대해 여러 부처 입각 하마평이 있는데 입각 의사가 전혀 없음을 말씀드린다"고 밝혔다.

이 의원은 대선 국면에서 '윤석열·안철수 후보 단일화'를 이끌어낸 안철수 인수위원장의 최측근이다. 인수위에서는 핵심 분과인 기획조정분과에서 비경제 분야 정부조직 개편과 국정과제 선정 작업을 주도해 왔고, 입각이 유력시됐다. 그런 그가 대선 승리 한 달 만에 인수위원직을 내려놓고 입각에도 선을 긋자, 안철수계 인사들이 내각에서 배제된 것에 대한 항의 표시 아니냐는 해석이 제기되고 있다.

실제 지난 10일 윤 당선인이 1차 내각 인선이라 할 수 있는 8명의 장관 후보자를 발표하자 안 위원장 측은 뒤숭숭한 분위기였다고 한다. 안 위원장이 추천한 인사가 한 명도 없어서다. 과학기술정보통신부(과기부), 보건복지부 등에 안 위원장 측 인사가 기용될 수 있다는 관측은 빗나갔다.

특히 안 위원장은 과기부 장관 후보로

낙점하신 게 아닌가 싶다"고 운을 뗐다. 이어 "저는 추천을 해드리고, 인사 결정은 인사권자(윤 당선인)가 하는 것"이라며 "왜냐면 그 책임도 사실 인사권자가 지게 되기 때문"이라고 말했다.

이 의원의 사퇴도 이런 기류의 연장선으로 보는 이가 많다. 국민의당 인사는 "인선 과정에서 국민의당 안팎의 반발 기류가 적지 않았는데 이 의원이 총대를 멘 것 같다"고 말했다.

이 의원 본인의 입각을 둘러싼 잡음이 사퇴에 영향을 줬다는 분석도 있다. 앞서 이 의원은 행안부 장관으로 유력하게 거론됐다. 그런데 윤 당선인 측은 행안부와 법무부 장관에는 현역 정치인을 배제하겠다는 방침을 알렸다. 중소벤처기업부 장관 등 다른 대안도 거론됐지만, 이 의원은 "내가 맡을 수 있는 업무와 자신 없는 업무를 구분해서 판단하겠다"는 입장을 내비쳤다고 한다. 실제 이 의원은 이날 "저에 대한 여러 부처 입각 하마평이 있다"고 콕 집어 말했는데, 한 인수위원은 "상당히 뼈 있는 발언으로 풀렸다"고 했다.

이 의원의 사퇴가 공동정부 구상의 파열음을 알리는 신호탄이라는 관측까지 나온다. 장제원 당선인 비서실장은 "이 의원과 저는 정권에 대한 무한한 책임을 가지고 있고, 신뢰도 변함없다"고 밝혔다.

입각에선 난기류 해소 방안으로 최진석 전 국민의당 서대위원장의 교육부총

안철수 대통령직인수위원회 위원장이 11일 서울 삼청동 인수위원회에서 열린 코로나비상대응특위에 참석하고 있다. 이날 대선 당시 윤석열 당선인과 안 위원장의 후보 단일화 협상 채널 역할을 했던 이태규 국민의당 의원은 인수위원직 사퇴를 선언했다.　인수위사진기자단

비서실장에 김대기 떠올라 … 최중경·김한길과 막판 경합

윤 당선인 정책특보도 거론

윤석열 정부 초대 대통령비서실장으로 김대기 전 청와대 정책실장이 부상하고 있는 것으로 11일 파악됐다. 윤 당선인 측 핵심 관계자는 "김 전 실장과 최중경 전 지식경제부 장관, 김한길 인수위 국

당선인이 하는 것이기에 결과를 예단하긴 쉽지 않다"고 전했다. 김 전 실장은 기획예산처 재정운용실장과 문화체육관광부 2차관을 거쳐 청와대 경제수석과 정책실장을 역임했다.

김 전 실장과 막판 경합 중인 최중경 전 지식경제부 장관이 비서실장으로 기

국민통합위원장의 이름도 계속 거론된다. 민주당계 4선 중진 출신인 김 위원장은 김대중 정부에서 청와대 정책기획수석, 문화관광부 장관을 역임하는 등 행정 경험도 풍부하다. 윤 당선인 측 핵심 관계자는 "정치적 경험이 많지 않은 윤 당선인으로서 정무적으로 괜찮게 주어

| 이태규 대통령직 인수위원의 전격 사퇴 사실을 보도한 중앙일보 2022년 4월 12일자 3면.

지 반납했다.

"그전에 내가 인수위원 활동비 받은 게 있거든요. 300여만 원 정도 됐을 거야. 그것도 돌려줬어. '너네 통장 번호 알려줘라'고 해서 계좌번호를 받고는 바로 송금해버렸죠. '내가 여기서 손을 끊겠다'라고 한 뒤 딱 끊어버렸어."

이태규가 3년간 마음속에 품고만 있다가 취재팀에 털어놓은 인수위원직 사퇴 사건의 전말이다. 바로 그 순간 '윤석열·안철수 공동 정부'는 출범도 해보지 못한 채 붕괴했다. 도대체 어디서부터 잘못됐던 걸까.

안철수 총리설
진상은?

인수위원회가 출범할 때만 해도 양측의 관계는 나쁘지 않았다. 윤석열은 '윤핵관'과 '멘토'들이 군침 흘리던 인수위원장 자리를 안철수에게 맡겼다. '안철수의 사람들'도 인수위에 꽤 많이 진출했다. "6(윤)대4(안) 정도로, 나름대로 황금 배분이 이뤄졌다"는 게 이태규의 평가다. 인수위가 만들어낸 새 정부의 핵심 정책 방향에 대해서도 의견 충돌은 거의 없었다.

(왼쪽부터) 이철규 인수위 총괄보좌역, 윤석열 대통령 당선인, 장제원 당선인 비서실장, 안철수 대통령직 인수위원장이 인수위에 들어서고 있다. 사진 | 사진공동취재단

그러나 인선 작업이 진행되면서 사정이 달라졌다. 일단 "국무총리 자리를 제안받았다"는 소문이 돌던 안철수가 내각에 포함되지 않았다. 안철수는 아예 총리직 제안 자체가 없었다는 입장이다.

"(총리직 제안이) 없었어요. 보건복지부 장관 제안을 한 차례 받은 게 전부예요. (복지부 장관) 후보 2명이 연속 낙마하자 세 번째로 제

197

물론 안철수가 총리나 장관이 되는 건 쉬운 일이 아니었다. 공직
자윤리법상 고위 공직자가 3,000만 원 이상의 주식을 보유하면 임
명 두 달 내에 주식을 직접 매각하거나, 수탁기관(증권사)에 백지신
탁해야 하며 수탁기관은 60일 이내에 그 주식을 처분해야 한다. 안
철수가 대주주이자 그의 정체성 중 핵심인 ‘안랩’을 사실상 내놓아
야 한다는 의미다.

안철수가 2022년 3월 29일 윤석열을 독대한 자리에서 총리 대
신 당권 도전 의사를 피력했다는 말이 나돈 것도 이와 무관치 않다

안랩 창업자인 안철수 의원이 2025년 3월 14일 안랩 창립 30주년 기념식에서
그동안의 소회를 밝히고 있다. 사진 | 안랩

는 해석이 나왔다. 다만 안철수는 다음 날 기자회견에서 "백지신탁
도 할 수 있다"고 재차 강조하면서 이 같은 시선을 불식시키려 했
다. 그는 2012년 정치에 입문했을 때도 "내가 맡은 업무와 서로 충
돌되는 부분이 있으면 언제든지 백지신탁하겠다"고 밝혔다.

그러나 만일 그가 총리 자리를 원했다고 해도 가능했을지는 미
지수다. 이른바 '윤핵관'을 중심으로 '안철수 총리 비토론'이 거셌기
때문이다. 윤핵관 중 한 명인 A는 당시 기자와의 통화에서 "안철수
는 총리 절대 못 된다. 내 말이 맞는지 틀린지는 앞으로 보면 알 것"
이라고 장담했다. 윤핵관 B도 "안철수? 디지털 정부 부총리 정도
맡기면 될 것 같은데? 총리는 무슨 총리!"라고 가능성을 낮게 봤다.
일찌감치 강한 견제가 들어갔던 셈이다.

당권 원한 安, 당 밖 역할만 제안한 尹

안철수는 단일화 당시부터 일관되게 내각 입성보다는 '국민의힘
안착'을 원했다. 그러나 윤석열의 제안은 그의 기대와 거리가 있었
다. 이태규의 이야기다.

"장제원이 단일화 때부터 '안 위원장이 코로나19 태스크포스TF의
수장을 맡으면 어떻겠냐'는 식으로 얘기했어요. 청문회나 백지신

탁도 필요 없는 자리였고 위원들이 장관들이니까 사실상 총리 수
준의 위상이었죠. '그런 걸 좀 하다가 당으로 옮겨가면 어떻겠냐'
는 제안인데, 안 위원장은 거기에 관심이 없었어요."

이태규의 말이 이어졌다.

"그런 상황에서 어느 날 안 위원장이 윤석열을 독대하고 오더니 '경
기지사 나가달라는 요청을 받았는데, 계속 선거를 해서 더는 에너
지가 없다는 이유를 대면서 거부했다'고 하더라고요. 뚜렷한 경기
지사 후보가 없던 상황에서 국민의힘에서 (윤석열과 사이가 나쁜) 유
승민 전 의원이 나온다니까 안 위원장에게 나가달라고 한 거예요."

경기지사는 말할 것도 없고 뒤이은 복지부 장관 제안 역시 안철
수의 '당내 안착' 희망과는 거리가 먼 것들이었다.

단 한 명도 없었다…
충격적인 내각 명단

더 큰 문제는 '안철수의 사람들'이었다. 이태규의 이야기다.

"인수위 때 국민의힘 쪽에서 '왜 안철수 쪽에서 사람들이 저렇게

많이 온 거야?'라고 우려했어요. 정권을 잡았으면 자기들이 다 해 먹어야 하는데 '이거 잘못하면 정말로 절반을 저쪽에 떼어주는 거 아니야?'라는 생각이 든 거죠. 실제로 인수위원 다음에 전문위원, 실무위원 인선할 때부터 (윤핵관들이) 가급적 안철수 쪽을 배제하고 자기네 사람들을 넣으려고 해서 굉장히 애를 먹었어요."

그게 실체로 드러난 게 1차 조각 발표였다. 2025년 3월 중앙일보 기자와 마주한 안철수가 당시 상황을 이야기했다.

"단일화를 하면서 'DJP연합'의 JP처럼 (많은 권력을 차지)하려는 의도는 없었어요. 제가 전문성이 있는 영역, 그러니까 의학·과학기술·벤처 창업·교육 분야에 능력 있는 사람들을 추천하고, 올바른 정책 방향을 제시하는 정도로 정부를 운영하길 원했어요. 나머지는 대통령이 다 하셔도 된다고 생각했죠."

안철수가 말을 이어갔다.

"그런데 교육부총리 추천을 했더니 그 사람을 자르더라고요? 그리고 대신에 다른 사람을 임명했어요. 과학기술 중심 국가가 돼야 한다는 것도 저한테는 굉장히 중요했거든요? 그래서 과학기술장관을 부총리급으로 격상하고 대통령실 과학수석 자리를 만들자고 했는데, 다 무산됐죠."

이태규도 당시 상황을 전했다.

"그때 안 위원장이 '우리 (내각에) 들어가야 하는데 어떻게 좀 해달라. 내가 몇 분 추천했는데 아무도 안 받아들여졌다. 우리 꼭 몇 명은 들어가야 한다'고 누차 부탁했어요. 내가 그것 때문에 엄청난 스트레스를 받았어."

결과적으로 안철수 측 인사는 놀랍게도 내각에 단 한 명도 포함되지 않았다. 명백한 단일화 합의 위반이었다.

행안부 장관으로 유력하게 검토되던 이태규도 느닷없이 통일부 장관으로의 보직 변경 제안을 받았다. 이태규는 그걸 거부했다.

"그 자리에 관심도 없었을 뿐 아니라 외교·안보 라인이 전부 강경파 일색인데, 그 와중에 통일부 장관 혼자서 할 수 있는 일이 뭐가 있겠어요? 그리고 무엇보다도 나만 달랑 (내각에) 들어가면 '이태규가 단일화해서 저만 장관 해 먹네'라고 욕먹을 거 아니에요?"

그 와중에 터져 나온 게 바로 서두의 '윤석열 폭언' 사건이었다. 그걸로 끝이었다. 이태규의 인수위원직 사퇴에도 불구하고 안철수는 인수위원장으로 완주했지만, 한 번 어그러진 길을 바로잡을 수는 없었다.

분당 공천,
호의는 그걸로 끝이었다

윤석열의 마지막 호의는 2022년 6월 1일 성남 분당갑 국회의원 보궐선거 후보로 안철수를 공천해준 것이었다. 안철수는 당선돼 국민의힘 의원으로 당에 들어왔지만 그게 전부였다. 단일화 과정에서 약속했던 '국민의힘 안착'에 대한 추가 지원은 없었다.

Q　윤 전 대통령 재임 중 그를 만난 적이 있습니까?

A　독대는 전무하고 2023년 1월 2일 당정 신년 인사회에서 악수

경기도 성남 분당갑 국회의원 보궐선거에 출마한 국민의힘 안철수 후보가
2022년 6월 1일 당선이 확실시되자 지지자들과 함께 환호하고 있다. 사진 | 경기사진공동취재단

한 게 전부예요. 그때 윤 전 대통령이 '조만간 만나 밥이라도 먹자'고 했는데 그 뒤 연락이 없어 유야무야됐죠. (2025년 7월 23일자 중앙일보 24면 '강찬호의 뉴스메이커' 중)

오히려 2023년 2월 국민의힘 당권 경쟁 때 안철수가 '윤핵관'을 비판하고 '윤·안 연대'를 언급하자 윤석열은 "도를 넘은 무례의 극치, 극히 비상식적 행태"라며 그를 노골적으로 비난했다. "국정 운영의 방해꾼이자 적"이라는 표현까지 등장했다. 확실한 종지부였다.

윤 측, "안철수에게도 책임 있다"

물론 윤석열 측에도 할 말은 있었다. 이른바 '여사 라인'으로 불리던 C가 당시 기자에게 한 말이다.

"안철수가 추천해서 인수위에 들어온 사람들이 전부 최악이었어. 내각 인사에서 안철수 몫이 확 줄어든 건 그 때문이었어."

윤핵관 D도 '공동 정부' 붕괴 과정에 안철수의 책임도 적지 않다고 주장한다.

"윤 대통령이 복지부 장관 줄 때 안철수가 받았어야 했어. 정권의 핵심 과제 중 하나가 복지부 관할 사안인 연금개혁이었잖아? 윤 대통령은 안철수가 그거 잘해내면, 더 높은 자리를 주거나 차기 대권 주자로 밀어줄 뜻이 있었어. 그런데 안철수가 그걸 거절하면서 대통령 심기를 거스른 거지. 안철수가 급하게 당권을 잡겠다는 욕심에만 집착하는 바람에 대통령 눈 밖에 난 측면이 커."

그러나 이러니저러니 해도 결국 가장 큰 원인은 윤석열의 약속 위반이었다. 2025년 3월 중앙일보 기자와 만난 안철수가 한숨을 내쉬었다.

윤석열 대통령 당선인(오른쪽)이 2022년 5월 6일 대통령직 인수위원회 해단식에서 안철수 인수위원장의 발언을 듣고 있다. 안 위원장은 사실상의 단일화 약속 파기에도 불구하고 인수위원장 업무를 완주했지만 상황을 돌이킬 수는 없었다. 사진 | 인수위사진기자단

"'아, (공동 정부 약속이) 결국은 인수위원회까지만이구나. 그러니까 국민 앞에서 단일화 선언문으로 낭독했던 그걸 어기고 모든 걸 다 대통령이 하시겠다는 거구나'라는 걸 깨달았죠."

이태규도 같은 입장이다.

"그냥 당선된 후에 말이 달라진 거죠. 안철수 의원은 그래도 윤석열과 잘해보려고 어느 정도 더 노력했는데, 결국 뒤통수 맞은 거 아니겠어요?"

'공동 정부' 유지됐다면 달랐을까

만일 '윤석열·안철수 공동 정부'가 실제로 어느 정도 기능했다면 '윤석열 정권'은 조금이나마 달라질 수 있었을까. 이태규는 그랬을 수 있다고 본다.

"윤 대통령이 안 의원과 우호적인 관계를 유지하면서 가끔 만나 국정 운영에 대한 의견도 청취하고, 안 의원 쪽에서 추천한 사람을 일부라도 내각에 포함시켜주고 했다면 분명 달랐을 거예요."

그가 이유를 설명했다.

"왜냐하면 윤 대통령은 계속 '마이너스 정치'를 해왔던 거잖아요. 안철수 배제하고, 이준석 쳐내고 하면서 자기중심적으로만 정치를 했어요. 그런데 (자기중심적 정치의 영역이) 계속 줄어들고 줄어들다 보니까 결국은 비상계엄까지 한 것 아니겠어요? 스스로 코너에 몰리게 되는 결과를 초래한 거예요. 윤 대통령은 그게 자기 권력이 강화되는 과정이라고 생각했겠지만 실제로는 권력이 끊임없이 줄어드는 과정이었던 거죠. 왜? 그렇게 하면 결국 국민이 외면하니까요."

14

"야 이 XX야" 김건희 택시 욕설…
윤핵관 이상휘 실종사건 전말

전횡 1

2022년 4월 초 어느 날의 새벽 2시 무렵, 환갑 줄에 다다른 한 남성이 아파트 베란다에 위태로이 서 있었다. 눈물범벅인 채였다. 이날 그는 영욕으로 얼룩진 자신의 삶을 스스로 끝장내려고 했다.

이 남성의 이름은 이상휘, 직함은 윤석열 대통령 당선인 비서실 정무2팀장. 새 정부 출범이 한 달가량 남은 상황에서 나는 새도 떨어뜨릴 법한 위세를 지닌 그였지만, 역설적이게도 이상휘의 인생은 최악으로 치닫고 있었다.

설움과 분노가 뒤섞인 채 베란다 앞에 선 그는 수십 분간 생사의 기로에 서 있었다. 한 걸음만 내디디면 모든 걸 포기할 수 있었던 순간, 그의 발길을 붙잡은 건 '내가 왜 이런 꼴을 당해야 하는가'란 근본적 의문이었다.

'이유는 알고서 가자.'

그렇게 죽음을 물리치고 돌아선 이상휘는 이른바 '윤핵관'으로 불리던 새 정부 실세들에게 전화를 돌려 "도대체 어떻게 된 일인지 좀 알아봐달라"고 하소연했다. 그가 그 직전에 직접 겪은, 그러나 여전히 믿을 수 없는 일을 상세히 설명하면서였다.

윤석열 정권 출범 직전의 가장 내밀한 이야기 중 하나가 지금 이렇게 공개되는 건, 당시 억울해 잠 못 이루던 그가 여기저기 남긴 하소연 때문이다. 그 조각들을 이어붙이자 예상치 못했던 하나의 거대한 이야기가 드러났다.

2022년 3월 당시 윤석열 대통령 당선인이 이상휘 당선인
비서실 정무2팀장과 기념 촬영하는 모습.

이날의 상황을 묻는 취재팀의 질문에 현재 국민의힘 국회의원 신분인 이상휘는 "나는 입이 없는 사람"이라며 답변을 일체 거부했다. 하지만 당시 여러 각도에서 이 상황을 지켜봤거나, 전해 들은 복수의 취재원 진술은 모두 한 방향을 가리키고 있었다.

이상휘는 그날 새벽 왜 베란다에 섰을까. 이를 이해하기 위해선 그로부터 2시간 전으로 거슬러 올라가야 한다.

택시 안에 울려 퍼진 여성의 욕설

여느 날처럼 새 정부 조각을 위한 인사 작업에 열중하던 이상휘가 서울 모처에서 퇴근길에 나선 건 자정 무렵이었다. 그는 동료 몇 명과 함께 택시에 올라탔다. 택시가 짙은 어둠이 깔린 서울 시내를 미끄러지듯 나아갔을 때 이상휘의 휴대전화가 울렸다. 거기 찍힌 발신자의 이름을 확인한 이상휘는 깜짝 놀랐다.

급하게 전화기를 조작하던 그는 실수로 스피커 버튼을 눌렀다. 그 순간 택시 안은 그 스피커를 타고 흘러나온 중년 여성의 고성으로 가득 채워졌다. 그건 욕설이었다. 그것도 아주 무자비한 욕설. 그 목소리의 주인공은 김건희 여사였다.

"야 이 ××야, 너 뭐 하는 놈이야!"

2022년 4월 초 당시 윤석열 대통령 당선인 부인 김건희 여사가
서울 서초구 서초동 자택 앞에서 경호를 맡고 있는
경찰특공대 폭발물 탐지견을 안고 사진 촬영을 하고 있다.
이상휘 당시 당선인 비서실 정무2팀장과의 통화 사건이 벌어질 무렵의 사진이다.

앙칼진 목소리로 욕설을 내뿜는 김건희의 육성을 확인한 순간 이상휘는 엄청난 정신적 충격을 받았다. 그는 그러나, 그 와중에도 '택시 안의 동승자들이 김건희의 목소리를 알아들을 수 있겠다'는 생각이 퍼뜩 들었다. 대로변이었지만 이상휘는 주저 없이 택시에서 뛰어내렸다.

그 순간에도 휴대전화에선 김건희의 욕설이 쉴 새 없이 이어졌다.

"이상휘, 너 이 ×× 뭐 하는 놈이야! 너 같은 ××가 인사 전횡을 하고 있으니까 나라 꼴이 이 모양 이 꼴 아니야!"

당시 상황을 목격했던 A는 본지에 이렇게 회상했다.

"스피커폰 상황이라 의도치 않게 당시 통화 내용을 들을 수밖에 없었어. 고성과 욕설이 쉴 새 없이 흘러나왔어. 이상휘 선배는 완전히 넋이 나갔더라고."

A의 이야기가 숨 가쁘게 이어졌다.

"어려서부터 산전수전 다 겪은 탓에 웬만한 고충엔 흔들릴 사람이 아니란 말이야. 그런데 그날 전화기를 들고선 아무 말도 못 하면서 손만 부들부들 떨고 있었어. 전화기를 들고 듣고만 있다가 마지막에 좀 대꾸를 하려고 하니 통화가 끝났더라고."

칠흑 같은 어둠 속에 선 이상휘, 어안이 벙벙해진 채로 10분가량 욕설을 뒤집어썼다. 이쯤 되니 이미 관계는 끝난 것 같았다. 아무리 영부인이라지만 자신보다 열 살이나 어린 사람이 '이 ××, 저 ××'라고 비아냥대는 꼴을 더는 참을 수 없었던 그는 전화기에 대고 용기를 냈다.

"도대체 무슨 일인지는 좀 압시다. 막무가내로 이러실 건 아니지 않습니까."

상상치 못했던 이상휘의 대거리에 외려 당황한 건 김건희였다.

"뭐! 뭐! 뭐! 너 뭐라고 했어!"

잠시 뒤 휴대전화에선 흥분한 채 말을 잇지 못하는 김건희를 달래며 전화를 빼앗으려는 남성의 음성이 새어 나왔다. 그 목소리는 윤석열의 것으로 추정됐다는 게 그 자리에 있었던 이들의 대체적인 의견이다. 그 직후 전화는 뚝 하고 끊어졌다.

김건희는 왜 격노했을까

'격노'와 '욕설'은 윤석열과 친숙한 단어다. 그는 간혹 불같은 성정을 속으로 억누르지 못하고 외부로 표출하곤 했다. 때로는 정의감에 기반한 행동이라 카타르시스를 동반한 것이었던 적도 있었고, 때로는 분노조절장애에 가까운 형태로 부적절하게 터져 나와 눈살을 찌푸리게 한 적도 있었다.

그러나 김건희의 욕설? 생경하다. 이미 그동안의 증언과 전언을 통해 김건희의 부적절한 언행은 숱하게 알려졌지만, 그가 사람 면전에서 욕설을 했다는 증언은 거의 없었다. 서두의 사례는 과연 사실일까. '여사 라인'으로 불렸던 전 정권 인사 B는 고개를 저었다.

2022년 5월 6일 윤석열 대통령 당선인이 인수위원회 해단식에서 '어퍼컷' 세리머니를 하고 있다. 사진 | 인수위사진기자단

"내가 그 자리에 없었으니 그 사건에 대한 사실관계를 알 수는 없지. 다만 김 여사의 평소 언행을 고려하면 욕설? 그것도 인수위 시절 인사 작업을 총괄하던 실력자에게? 글쎄 선뜻 믿기지 않네."

하지만 그날 그 자리에서 스피커폰으로 흘러나온 욕설을 들은 이는 이상휘를 포함해 여러 명이었다. 그리고 그중 상당수는 "당시 김건희가 이상휘에게 악감정을 가질 만한 일이 있었다"고 입을 모았다. 그리고 그건 '윤석열 정권'이 출발점에서부터 '근본'이 흔들린 정권이었다는 의미로 이어진다.

대통령의 인사권은 국정 통치를 위한 가장 막강한 권한이자 수단이다. 이런 인사권 발동을 위한 밑그림을 그리는 게 당시 이상휘의 역할이었다. 단순히 김건희의 욕설로 실세 참모 하나가 잘려나갔다는 사실이 중요한 게 아니다. 비선秘線인 김건희와 그의 측근들이 정권의 공식 출범 이전부터 공선公線보다 우위에 서 있었다는 사실이 핵심이다.

이상휘,
'공선' 인사 핵심이었다

이상휘의 캠프 합류는 상대적으로 늦었다. 그는 윤석열이 국민의힘 대선 후보로 선출된 이후인 2021년 12월 당시 윤핵관 중에서도 최고 실세로 꼽히던 장제원 전 의원의 러브콜을 받았다. MB계 막내뻘인 장제원이 이명박 정부 당시 인사 작업 실무자였던 이상휘의 능력을 알아본 터였다. 이상휘가 캠프에서 받은 첫 직함은 대선후보 비서실 기획실장이었다.

대선을 넉 달이나 앞둔 시점이었지만, 장제원은 그에게 대통령의 은밀한 특명을 전했다. 대선 승리를 전제로 새 정부를 이끌 국무위원을 미리 구상하라는, 이른바 '섀도 캐비닛shadow cabinet·예비내각' 구성 지시였다. 다음은 당시 윤석열을 가까이에서 보좌했던 C의 말이다.

2022년 3월 27일 장제원 대통령 당선인 비서실장이 서울 종로구 통의동 인수위 사무실 앞에서 문재인 대통령과 윤석열 당선인 만찬 회동과 관련해 취재진의 질문을 받고 있다.
사진 | 인수위사진기자단

"이상휘가 처음 캠프에 합류했을 때 다들 무슨 일을 하는지, 어떤 '백'으로 들어왔는지 궁금해했어. 이미 캠프엔 윤석열을 대선 경선 승자로 만든 '공신'들이 즐비한 상태였거든. 캠프에 자리도 없어서 이상민(전 행정안전부 장관), 김현숙(전 여성가족부 장관), 강석훈(전 산업은행장) 등이 일하던 사무실 한쪽에 이상휘 책상을 마련할 정도였지. 그런데 어느 날부터 이상휘가 안 보여서 주변에 물어보니 서울 모처에 비밀 사무실을 얻어서 나갔다고 하더라고. 그제야 캠프 내에 '이상휘가 뭔가 중요한 일을 하고 있다'는 소문이 돌기 시작했지."

2022년 3월 9일 대선에서 윤석열이 승리한 이후 이상휘의 역할은 더 커졌다. 당선인 비서실의 정무2팀장으로 임명된 그는 직제상 윤석열 대통령 당선인-장제원 비서실장의 직할 부대나 마찬가지였다. 소공동 롯데호텔에 모였다가 삼청동 안가로 흩어진 '인사 추천팀', 강남의 자생한방병원 지하실로 옮겨간 '인사 검증팀'을 당선인 비서실과 연결하는 가교 역할이 그의 몫이었다.

'김건희 비선'과의 갈등, 비극 시작되다

당연히 알 만한 사람 중 이상휘에게 줄을 대려는 이도 늘었다고 한다. 그중엔 김건희의 핵심 측근으로, 훗날 대통령실 요직을 꿰찬 D도 있었다. 이상휘를 잘 알던 당시 인수위 소속 인사인 A의 말이다.

"이상휘랑 절친한 친구가 자기 조카라고 D를 데려왔다더라고. 동향 후배이기도 해서 이상휘가 D를 각별히 챙긴 거로 알아. D는 이미 캠프 때부터 김건희를 돕고 있었거든. 김건희나 그 측근들이 장제원에게 직접 민원하긴 좀 껄끄러웠을 테니 직제상 바로 아래인 이상휘한테 민원을 쏟아냈을 거야. 그런데 그런 것들이 안 받아들여지거나 지연되면서 일이 꼬이기 시작한 거지."

당시 윤석열을 지근거리에서 보좌했던 E의 설명도 비슷하다.

"장제원은 이상휘가 김건희 쪽과 직거래하는 걸 굉장히 꺼렸어. 그렇다 보니까 공식 라인에 몸담은 이상휘는 김건희 측 민원이라 고 무조건 들어주기가 쉽지 않은 상황이 됐지. 그렇게 되니 김건희 쪽은 얼마나 이상휘가 미웠겠어. 이렇게 갈등이 점차 쌓이는 상황 에서 D가 이상휘를 찾아와 자신을 포함해 같이 일하는 사람들의 인선을 좀 독촉했나 봐. 그 과정에서 이상휘가 '인사는 공식 계통 을 따라야 한다', '공식 계통은 장제원과 나'라는 식의 이야기를 했 고, 돌아 나온 D는 그 대화 내용을 그대로 윤석열 부부에게 보고했 다는 것 같아. '장제원·이상휘가 인사농단을 하는 것 아니냐'고 난 리가 난 배경이지."

둑이 무너졌다…
'근본' 흔든 상징적 사건

'새벽의 욕설' 사건 직후 이상휘가 김건희에게 찍혔다는 소식은 삽시간에 퍼졌다. 그즈음 장제원조차 이상휘를 멀리한다는 소문도 파다했다. 이상휘는 사실상 투명인간이 됐고, 한동안 인수위 사무 실 주변을 맴돌다가 소리소문없이 자리를 정리하고 떠났다. 그리 고 열흘쯤이나 지났을까. 2022년 4월 17일 그의 페이스북엔 낙향

사실을 알리는 게시글이 하나 올라왔다.

"사과 하나가 사라졌다. 배가 아주 고팠나 보다. 다시 꽂아두어야
겠다. 그들을 위해 내가 할 수 있는 일이다. 고마운 일이다."

비선이 공선을 밀어낸 이 상징적 사건이 알음알음 퍼지면서 둑
은 급격하게 무너졌다. 인수위에 참여했던 또 다른 핵심 인사들에
따르면 그간 검증 문제나 여론 눈치 등으로 지연되거나 무산됐던

이상휘는 인수위에서 허망하게 물러난 지 2년 만인 2024년 4월 제22대 총선에서 당선돼 국회에 입성했다. 사진은 국민의힘 포항 남·울릉 지역구에 출마한 이상휘가 유권자들에게 지지를 호소하는 모습이다. 사진 | 이상휘 캠프

인선이 무더기로 진행되기 시작했다. 그중엔 김건희와 가장 가까 웠던 최측근 인사도 있었다.

15

한밤 장제원에 난리 쳤다…
윤석열 움직인 '김건희의 남자'

전횡 2

2022년 3월 말 자정 무렵, 서울 마포의 한 고급 빌라 단지 정문에 제네시스 G90 세단이 들어섰다. 이윽고 뒷좌석에서 넥타이를 풀어헤친, 피곤한 모습이 역력한 중년 남성이 스스로 문을 열고 내렸다. 윤석열 대통령 당선인 비서실장이자, 새로운 정부의 핵심 실세로 자리매김한 장제원 국민의힘 의원이었다.

장제원이 하차하자 어둠 속에 몸을 숨기고 있던 한 남성이 가로등 아래로 자신의 실루엣을 드러내며 인기척을 냈다. 심야에 인적이 드문 서울의 고급 주택가, 낯선 남성의 갑작스러운 등장이 당황스러울 법도 하건만 장제원은 이런 상황이 익숙한 듯 놀라지도 않고 뒤돌아보며 이렇게 말했다.

"김 기자 맞지?"

그의 퇴근을 기다리며 암흑 속에서 수 시간을 집 앞에서 기다린 기자가 고개를 끄덕이자, 장제원은 누가 이 광경을 목격할까 싶어 "올라가서 이야기하자"며 기자를 자신의 집으로 이끌었다. 그렇게 한밤중 새 정권의 최고 실력자와 기자의 일대일 대면이 성사됐다.

현관 중문을 열고 들어서자 거실 통창으론 한강 야경이 파노라마처럼 펼쳐졌다. 널찍한 거실, 그곳과 이어진 부엌에 놓인 긴 다이닝 테이블에 두 사람은 마주 앉았다. 보안을 중시하는 장제원의 앞

2022년 5월 1일 당시 장제원 대통령 당선인 비서실장이
서울 종로구 통의동 인수위에서 대통령실 인선을 발표하고 있다.

엔 아이패드 하나와 아이폰 두 대가 놓였다. 당선인 관련 사항은 물론, 대통령직 인수위원회 관련 보고 문건을 대부분 전자 문서로 건네받아 아이패드로 검토하는 듯했다.

뜻밖에도 새 정부 최고 실력자와의 단독 대좌가 성사되자 기자는 아연 긴장했고, 말은 두서가 없어졌다. 새 정부 조각은 물론이고, 윤석열 정부가 펼쳐나갈 핵심 정책에 대한 밑그림을 생각나는 대로 물어나갔다. 줄기 없는 중구난방식 질문에 장제원이 서서히 짜증을 내기 시작했을 무렵, 그의 앞에 놓인 아이폰 한 대가 부르르 떨었다.

전화기에 찍힌 이름은 보이지 않았지만, 발신인이 누군지는 금세 알아차릴 수 있었다. 자정 무렵 걸려온 그 전화에 장제원이 벌떡

| 전화 통화중인 윤석열 전 대통령. 사진 | 대통령실

일어났기 때문이다. 그건 윤석열이었다. 실제 전화기에서 새어 나온 목소리도 윤석열의 것이었다.

한동안 윤석열과 심각한 표정으로 통화하던 장제원은 전화가 끊긴 뒤 기자를 쫓아냈다. "너무 늦었다. 다음에 이야기하자"는 핑계와 함께였다. 그는 기자를 몰아낸 뒤 급하게 전화기를 쥐고는 누군가와 통화를 하기 시작했다. 현관문을 밀고 집을 나서던 기자의 귀에 장제원의 입에서 튀어나온 이름 하나가 그대로 꽂혔다.

"김승희?
김건희 비서실장이야!"

훗날 대통령실 선임행정관을 거쳐 의전비서관이 되는 김승희는 김건희 여사의 최측근이다. 서울 강남의 한 이벤트 대행회사 대표 출신인 그는 2009년 고려대 언론대학원 최고위 과정을 다니며 동기였던 김건희와 친분을 쌓은 것으로 알려져 있다. 김건희가 운영하던 코바나컨텐츠 행사에서 도슨트로 활동하기도 했다. 이와 관

윤석열 대통령이 2023년 7월 12일 리투아니아 빌뉴스에서 열린 북대서양조약기구동맹국 및 파트너국 정상회의에 참석하기 전 김승희 의전비서관과 대화하고 있다. 사진 | 공동취재단

련해 대선 당시 윤석열 캠프 사정을 잘 아는 국민의힘 관계자 A는 이렇게 귀띔했다.

"대선 전후 시점에 김건희가 새 정부 인선 작업에 참여하는 유력 인사 B를 코바나컨텐츠 사무실로 부른 적이 있어. B가 자리에 앉 자마자 김건희가 '누가 우리 사람인 줄 아셔야 하지 않겠느냐'고 말했대. '앞으로 좋은 자리를 알아서 잘 챙겨라'는 뜻 아니었겠어? 그러면서 김건희가 자기 측근들을 쭉 언급하기 시작했는데, 글쎄 첫 번째로 언급한 사람이 바로 김승희였대. 알 만한 사람들이 김승희를 '김건희의 비서실장'이라고 불렀던 이유야."

하지만 대선 캠프 초기만 하더라도 그가 누구인지, 무슨 일을 하는지 아는 사람은 극히 드물었다고 한다. 당시 캠프 관계자 C의 말이다.

"서울 종로 이마빌딩에 윤석열 경선 캠프 사무실이 마련된 뒤 일주일 정도 지난 시점의 일이야. 장제원 당시 캠프 종합상황실장 주재 회의에 25명 정도 들어갔는데, 거기서 김승희를 처음 봤어. 장제원이 한 명씩 다 인사하라고 시키더라고. 일종의 상견례 같은 느낌이었지. 다들 돌아가면서 '누구입니다, 잘 부탁드립니다' 수준의 일반적인 인사말을 했지. 그런데 김승희는 달랐어. 자기 차례가 되자 대뜸 '선거는 이렇게 해야 합니다', '저희 지금 잘못하고 있는 겁니다' 같은 말을 쏟아냈어. 그때까지만 해도 우리끼리 '쟤는 뭐 하는 놈이야', '큰 백이 있나 봐' 이러고 말았지. 캠프 사무실에도 자리만 있었지, 거의 나오지 않더라고."

시간이 지난 뒤 김승희가 어떤 사람인지는 캠프 관계자들에게 자연스레 알려졌다. '개 사과', '굴 응원'과 같은 윤석열 후보의 SNS 사고가 연달아 터지면서다. 캠프가 관리하지 않던 SNS에서 발생한

잇단 사고에 캠프는 비상이 걸렸다. 이어지는 C의 설명.

"크고 작은 SNS 사고가 연달아 터지면서 캠프도 비상이 걸렸어. '후보 SNS를 어디서 관리하느냐'고 수소문했더니 다들 '코바나'에서 한다고 말조심하라더라고. 코바나에서 한다는 건 김건희가 한다는 뜻이고, 그 책임자 중 하나가 김승희라는 거야."

C의 말이 숨 가쁘게 이어졌다.

"그래도 문제가 심각한 수준이라 캠프에선 '윤석열 SNS 계정 비밀번호를 바꾸고 우리가 관리하겠다'고 주장했지. 장제원이 윤석열 후보를 설득해 승낙도 받아냈어. 그런데 바로 다음 날이었나, 캠프로 나온 후보가 '그냥 그대로 두지'라며 했던 말을 뒤집었어. 결국 우리가 끝까지 우기면서 페이스북 계정 관리는 우리가 하고, 나머지는 다 김건희 쪽이 하는 거로 정리가 됐지. 지금 돌이켜보면 큰 사고가 났던 SNS는 모두 김건희 측이 관리한 계정이었어."

'가짜 교수' 논란과 김승희의 본격 부상

본격적으로 김승희의 존재감이 드러나기 시작한 건 대선 직후였다. 서두의 윤석열·장제원 통화에서 언급했던 취임식 준비위원회 구성을 둘러싼 신경전이 대표적이다.

그때 윤석열이 언급한 이도훈은 제일기획 출신의 공연기획가 이도훈 홍익대 교수였다. 그 통화 직전 한 조간신문은 그가 대통령 취임식 총연출을 맡았다고 보도했다. 이도훈은 2008년 이명박 대통령 취임식, 2011년 대구육상선수권대회 개막식, 2018년 평창 동계올림픽 개·폐회식 등을 연출했던 자타공인 실력자였다. 누가 봐도 적임자였다.

그러나 정작 당사자인 윤석열은 거기에 동의하지 않았다. 당시 그를 보좌했던 D의 설명이다.

"우리는 취임식을 성대하게 잘 치러야 한다는 목표만 보고 능력이 검증된 이도훈 교수를 총연출로 내정했지. '이도훈 총연출' 언론 기사가 나간 뒤에도 한동안은 아무런 문제가 없었어. 그런데 내정 1~2주가 지난 어느 날 장제원이 얼굴이 허옇게 질려서 달려와 '가짜 교수를 왜 총연출로 추천했느냐고 당선인이 난리를 친다'는 거야. '그 소문의 진앙지가 김승희'라는 말과 함께 말이지."

D가 말을 이어나갔다.

"그래서 내가 '삼성(제일기획)에서도 보증을 받았고 검증에서도 문제가 없었다'고 맞섰지. 나중에 알고 보니 이도훈이 제일기획 임원으로 근무할 당시 김승희가 운영하는 업체가 제일기획으로부터 도급을 받았나 봐. 김승희 입장에선 자기가 홍보 전문가로 취임식 준비를 주도할 수 있을 거라고 생각했는데, 자신을 잘 아는 사람이 취임식 준비를 총괄하게 됐으니 마음이 편치 않았을 수 있었겠지.”

결국 이도훈을 둘러싼 악의적인 소문들은 모두 사실이 아닌 것으로 밝혀졌고, 취임식 총연출은 예정대로 그가 맡았다. 이때까지만 해도 공선公線이 비선秘線에 맞서 대의를 지켜낼 힘이 있었음을 보여주는 대목이다.

‘더 글로리’와 학폭…
윤석열은 끝까지 감쌌다

김승희의 이름이 사람들에게 다시 회자하기 시작한 건 그가 2023년 4월, 1급 고위 공무원인 의전비서관을 맡으면서다. 외교관 출신으로 SK그룹 부사장을 지낸 전임 김일범 비서관을 대신한 자리였다.

의전비서관은 대통령의 공식 일정을 총괄하고 국빈 및 외빈 접견을 비롯한 각종 행사와 메시지 전달 방식까지 조율하는 대통령실의 핵심 직위다. 대통령 부부를 지근거리에서 보좌하는 자리에

'김건희 비서실장'으로 불리는 인물을 앉혔으니 당연히 '김건희 낙하산', '비선 논란' 등의 잡음이 이는 건 당연했다.

당시 야권이 김승희를 타깃으로 삼은 것도 자연스러운 수순이었다. 그해 10월 20일 국회 국정감사에서 김영호 더불어민주당 의원은 김승희 자녀의 학교 폭력 의혹을 제기했다. 초등학교 3학년이던 김승희의 딸이 같은 학교 2학년 여학생을 리코더와 주먹 등으로 수차례 폭행했고, 이에 피해 학생은 각막이 훼손되는 등 전치 9주의 상해를 입었다는 것이다.

당시 김 의원은 "가해 학생에 대한 출석 정지 처분이 내려진 날,

학교 폭력을 소재로 2023년 방영돼 인기를 끈 넷플릭스 드라마 '더 글로리'. 이 드라마의 여운이 채 가시지 않은 그해 10월 김승희 전 의전비서관의 자녀 학폭 사건이 세간에 알려졌다. 사진 | 넷플릭스

김 비서관 아내의 카카오톡 프로필 사진이 남편과 대통령이 함께 있는 사진으로 교체됐다"며 "대통령 측근의 위세를 과시하는 것은 매우 부적절한 태도"라고 질타했다.

용산 대통령실엔 비상이 걸렸다. 당장 다음 날 대통령의 중동 순방이 예정돼 있었기 때문이다. 인사 조처 없이 김승희가 의전비서관으로서 순방에 동행한다면 어떤 일이 벌어질지에 대한 우려가 대통령실에 퍼지기 시작했다. 특히 당시는 학교 폭력을 소재로 다룬 넷플릭스 드라마 '더 글로리'의 여운이 아직 가라앉지 않은 시기였다.

당장 이시원 공직기강비서관을 비롯한 유관 비서관실 참모들이 합동으로 대통령에게 상황의 심각성을 보고하며 김승희의 경질을 요구했다. 하지만 보고를 받은 대통령에게서 돌아온 답은 뜻밖이었다.

"야당 주장만 가지고 어떻게 자를 수 있어?"

그는 그러면서 "김승희를 불러오라"고 호출했다. 그리하여 대통령 집무실엔 "김승희를 자르라"고 요구하는 복수의 참모들과, 경질 요구 대상인 김승희가 함께 모여 공방을 주고받는 묘한 상황이 연출됐다. 그리고 대통령은 경질이 아닌, 진상조사를 지시했다.

김건희는 왜
교육부 차관과 통화했나

예상 밖의 대통령 지시에 한 참모가 끝까지 맞섰다.

"내일부터 시작되는 대통령 순방에 김승희가 의전비서관으로 동행할 경우, 언론사 카메라는 모두 대통령이 아닌 김승희에게 초점을 맞출 것이고 대통령의 성과는 모두 가려지게 될 것입니다."

한참을 고민하던 대통령은 결국 김승희의 업무 배제를 지시했고, 그 직후 김승희는 사표를 제출했다.

다음은 당시 상황을 기억하는 대통령실 고위 관계자 E의 설명이다.

"김승희가 '김건희 비서실장'이라는 세간의 평가는 거의 사실에 부합하는 비유야. 여사가 가장 아낀 사람이 맞고, 실제로 일도 썩 잘한 편이라고 생각해. 이 때문에 김승희가 자녀 학교 폭력 문제로 물러나게 되면서 대통령 부부가 많이 아쉬워했었어. 반대로 김승희의 경질을 요구했던 사람들은, 미운 털이 찍혔는지 어느 순간 하나씩 대통령실을 떠나게 되더라고."

이렇게 김승희는 대통령실을 떠났지만, 2년 뒤인 2025년 말에도 김승희의 이름은 여전히 여의도와 서초동에 회자하고 있다. 김건

비상계엄 직후인 2024년 12월 17일 국무회의에 참석하기 위해 이동하는 장상윤 대통령실 사회수석. 사진 | 대통령실사진기자단

희 특별검사팀이 김건희의 김승희 자녀 학폭 사건 무마 의혹 연루 여부를 살피고 있기 때문이다.

김승희 딸의 학폭 가해가 발생한 직후인 2023년 7월 20일, 김건희는 장상윤 당시 교육부 차관과 8분여간 통화한 것으로 밝혀졌다. 이때 김건희가 김승희 자녀의 학폭 무마를 위해 모종의 역할을 했을 수 있다는 게 의혹의 골자다. 공교롭게도 장상윤은 그로부터 다섯 달 만인 그해 12월, 대통령실 사회수석으로 영전한다.

장상윤은 2025년 10월 30일 국정감사장에서 "당시 김여사와 통화를 한 건 사실이지만 학폭과 관련한 이야기는 전혀 없었다"고 주장했다.

16

"두고 봐! 담에 王자 어디에 쓰나"…
'손바닥 王' 논란에, 尹 황당 항변

무속 1

"어? 저게 뭐지?"

2021년 10월 1일 저녁 서울 광화문 '윤석열 대선 경선 캠프' 사무실. 국민의힘 대선 경선 5차 방송 토론을 보던 캠프 관계자 A의 눈이 휘둥그레졌다. 윤석열 후보가 홍준표 후보와의 1대1 토론 중 손을 휘젓는 순간 검은 뭔가가 '휙' 하고 스쳐 지나갔기 때문이다.

그때 홍준표는 맹공을 퍼붓고 있었다. 당시 한창 시끄럽던 이른 바 '고발 사주' 의혹이 그의 먹잇감이었다.

A가 눈을 비비던 바로 그 순간이었다. 홍준표에게 항변하던 윤석열이 왼쪽 손바닥을 카메라 쪽으로 내밀었다. 거기 적힌 뭔가가 뚜렷하게 포착됐다.

"王"

그건 분명 '임금 왕'자였다.
A는 눈을 의심했다. 그의 회고다.

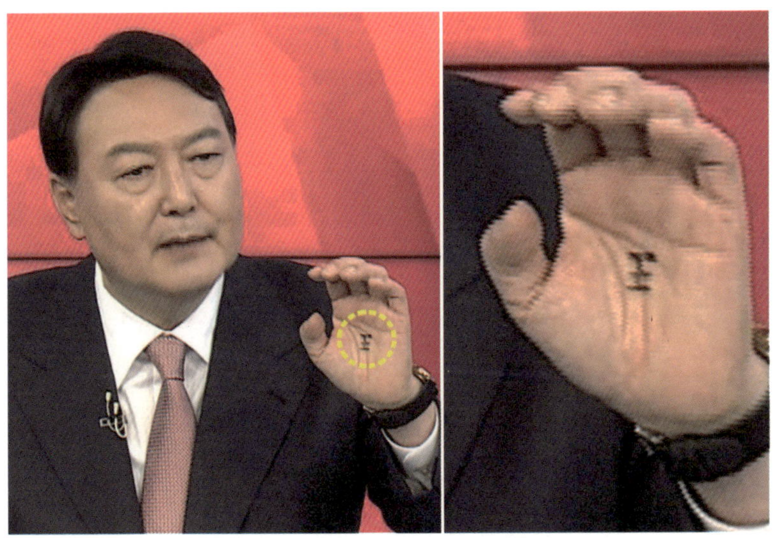

2021년 10월 1일 국민의힘 대선 경선 5차 TV 토론회장에서 윤석열 예비후보의 손바닥 한가운데에 적힌 '왕王'자가 카메라에 포착됐다. 사진 | MBN 유튜브 캡처

"처음에는 잘못 본 게 아닌가 생각했어요. 도저히 말이 안 되는 기괴한 일이잖아요. 그것도 전 국민이 생중계로 보는 TV 토론에서요."

난리가 났다.

기자도 가만히 있을 수 없었다. 다음 날 아침 일찍 윤석열에게 전화를 걸었다.

Q 손바닥 왕王자, 이거 뭡니까?

A 아, 그거? 별거 아냐. 어제 집 밖으로 나오는데 연세가 좀 있으신 동네 여성 주민이 '토론 잘하시라'며 격려차 적어준 거야. 그걸 어떻게 뿌리치냐.

Q '부적 아니냐'는 말이 나오는데요?

A 세상에 부적을 손바닥에 펜으로 쓰는 것도 있냐. 그런 식으로까지 얘기하는 건 아니지.

Q 어제뿐 아니라 그전에도 적고 나왔다면서요?

A 처음에는 손바닥에 가로로 줄 긋고 세로로 점을 찍기에 왕王자인 줄도 몰랐어. 어제는 글씨가 커서 '왕王자냐'고 물었더니 '기세 좋게 토론하라는 뜻'이라고 하더라고. 옛날에는 아이들이 열나고 아프거나 중요한 시험을 보러 갈 때 집안 어른들이 '병마를 물리쳐라', '시험 잘 보라'는 의미로 손바닥에 왕王자를 써주기도 했잖아.

선뜻 납득이 가지 않았다. 조금 더 다그쳤다.

"사람들이 좋게 안 봅니다."

그러자 윤석열이 발끈했다.

"내가 뭘 잘못했는데!"

윤석열이 뒤이어 내뱉은 말에 기자는 그만 할 말을 잃었다.

"잘 봐! 다음번에는 내가 이마에다가 왕王자를 대문짝만 하게 써서 갈 거니까!"

느닷없는 손바닥 왕王자…
무속 논란 본격화

국민의힘 대선 경선 TV 토론은 '정치인 윤석열'의 첫 번째 난관 이었다. 정제되지 못한 발언 탓에 '1일 1실언'이라는 비아냥을 듣던 때였기 때문이다. 전 국민이 지켜보는 그 생중계 과정에서 또 얼마 나 많은 실언을 할지, 측근들은 걱정이 이만저만이 아니었다.

그러나 그는 예상과 달리 정치 고수들과의 '토론 배틀'에서 선방

2021년 10월 국민의힘 대선 경선 과정에서 맞붙은 (왼쪽부터) 홍준표, 원희룡, 유승민, 윤석열 예비후보가 TV 토론에 앞서 기념 촬영하고 있다. 사진 | 공동취재단

하는 모습을 보였다. 최강자였던 터라 경쟁 후보들의 집중 공격을 받았는데도 말이다. 1~4차 토론을 무사히 마쳤고, 그날의 5차 TV 토론도 이렇다 할 '한 방' 없이 비교적 무난하게 끝났다.

문제는 토론 직후 터졌다. 손바닥에 주목한 건 A만이 아니었다. 정중앙에 뚜렷이 박힌 '王'자는 정지화면으로 캡처돼 삽시간에 인 터넷 커뮤니티 등에 퍼져나갔다.

캠프는 우왕좌왕했다. 설상가상으로 "이번에 처음 쓴 것"이라고 해명했다가 앞선 3, 4차 TV 토론 때도 손바닥에 왕王자가 있었던 게 곧바로 확인되면서 타격은 배가 됐다.

"손 세정제로 지우려 했지만, 완전히 지워지지 않았다", "윤 후보가 손가락 위주로 손을 씻는 것 같다" 등 다급한 해명이 이어졌지만 실소와 비아냥, 지지율 하락을 불러올 뿐이었다.

어설픈 해명이 이어졌던 건 캠프 핵심 참모들조차도 그 글자의 실체를 정확히 알지 못했기 때문이다. 윤석열은 측근들에게도 이렇게만 얘기했다고 한다.

2021년 10월 6일 보건복지부와 질병관리청에 대한 국정감사에서도 윤석열 국민의힘 대선 경선 예비후보의 손바닥 '왕王'자 사진이 방역수칙 위반 의혹과 함께 제기돼 논란을 불러일으켰다.

"글씨 써준 할머니가 아파트 몇 호에 사시는지, 이름이 뭔지 나도 몰라. 이분도 논란이 커지자 입장이 곤란한지 나타나질 않고 계시네."

그는 한참을 장황하게 설명하더니 말미엔 농담인지 진심인지 모를 말도 더했다고 한다.

"사실 '토론왕'이 되고 싶었어!"

그러나 그 해프닝은 간단한 것이 아니었다. 임기 내내 윤석열·김건희 부부를 옭아맨 '무속 프레임'이 수면 위로 떠오른 결정적 계기가 됐기 때문이다.

윤석열 부부는 정말로 무속에 심취해 있었던 걸까. '국정 운영까지 점쟁이의 지시에 따라 했다'는 미확인 루머는 어디까지가 사실이고 어디까지가 거짓일까.

윤석열 스승 천공?···
위기일발 尹, 교회로 달려가다

왕王자 사태가 터진 지 나흘 후 국민의힘 대선 경선 6차 TV 토론회가 열렸다. 기자에게 호언장담한 것과 달리 윤석열의 이마는 깨

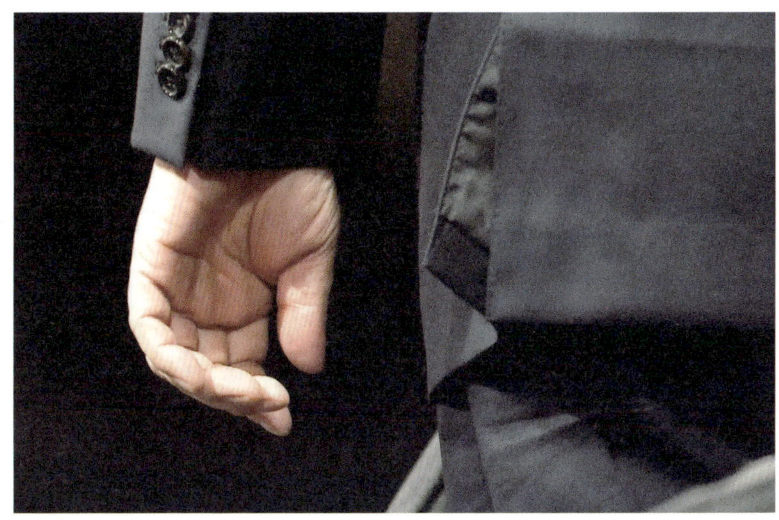

'왕王'자 논란으로 나라를 떠들썩하게 만들었던 윤석열 국민의힘 대선 경선 예비후보는 그로부터 나흘 뒤 열린 제6차 TV 토론에 손바닥 글자 없이 참석했다. 사진 | 국회사진기자단

끗했다. 손바닥에도 아무런 글자가 보이지 않았다. 그러나 경쟁자들이 그 호재를 그냥 넘길 리 없었다.

"오늘은 부적 없죠?" (홍준표)

"부적이라고 생각했으면 제가 손바닥에 그러고 다녔겠습니까." (윤석열)

홍준표의 비아냥에 이어 유승민이 가세했다. 그가 심상치 않은 이름을 언급했다.

천공이 2021년 10월 유튜브를 통해 윤석열 후보와 만났던 당시의 상황을 설명하고 있다.
사진 | 유튜브 채널 jungbub2013 캡처

"천공 스승님 아십니까." (유)

　윤석열 부부와 떼려야 뗄 수 없는 이름 천공이 공식 석상에 처음 등장한 순간이자 무속 논란이 본격적으로 수면 위로 부상한 순간이었다.

　천공은 누구일까. 그 자신에 따르면 그는 17년간 신불산에서 수행하며 자연과 세상의 이치를 깨닫고 50세 되던 해에 하산한 뒤 '정법시대'라는 종교단체를 세운 인물이다. 이미 알 만한 사람들 사이에서는 그의 이름이 윤석열과 연결돼 떠돌고 있었다. 그 역시 인터넷 언론 등에 직접 등장해 '윤석열의 스승'임을 은근히 과시했다. 다음은 윤석열의 검찰총장 사퇴일에 보도된 천공의 발언이다.

"윤 총장이 내 공부를 하는 사람이니까, 좀 도와줬죠. 지금도 돕고 있어요. 부인은 오랫동안 내 강연 유튜브를 보고 공부했던 모양이에요. 부인이 내 유튜브를 권했고, 윤 총장이 몇 번이나 그걸 반복해 들었다고 합니다. 윤 총장과는 전화하고 열흘에 한 번쯤 만나요. 정리를 잘하고 있고 내가 다듬어주고 있어요." (2021년 3월 4일 '최보식의 언론' 인터뷰 중)

그는 총장 사퇴 시기도 자신이 조언했다고 주장했다.

"'정리할 시간이 될 것이다', 이런 코칭을 해줬죠. 그래서 너무 오래 싸우면 모든 검찰이 어려워질 거니까 그런 것들을 조금 판단하는 게 좋을 것 같다(고 했었죠)." (2021년 10월 7일 YTN)

유승민은 천공의 이런 인터뷰 내용과 떠도는 소문을 종합해 "'윤석열 후보의 멘토', '지도자 수업을 시키고 있다'고 자칭하는 분인데 모르느냐"고 따져 물었다. 윤석열은 "알긴 알지만, 멘토라는 얘기는 과장된 것"이라고 잘라 말했지만, 사태는 걷잡을 수 없었다. 호재를 만난 정적들이 일제히 그를 물고 뜯으면서 무속 논란은 점점 커졌다. 윤석열은 다급하게 '주류 종교'에 손을 뻗었다.

"이건 김장환 목사님이 따로 해서 주신 겁니다. 집에도 몇 권 더 있고요."

무속 논란이 불거진 직후인
2021년 10월 10일 윤석열
예비후보가 서울 여의도순복음교회
예배에 참석하기 위해 성경책을
든 채 차에서 내리고 있다.
사진 | 국회사진기자단

윤석열 국민의힘 대선 예비후보가 2021년 10월 10일 서울 여의도순복음교회를 찾아 기도하고 있다.
사진 | 국회사진기자단

6차 토론 직후인 2021년 10월 10일, 차량에서 내린 윤석열이 손에 쥔 책을 가리키며 말했다. '윤석열'이라는 이름 석 자가 적힌 성경이었다. 그의 차량이 도착한 곳은 여의도순복음교회 앞이었다.

예배에 참석한 그는 고개를 숙인 채 두 손 모아 기도했고, 찬송가에 맞춰 손뼉을 쳤다. 같은 날 캠프는 SNS에 "석열이형 밥 세 공기씩 먹던 여름성경학교 시절"이라는 설명과 함께 윤석열의 유년 시절 교회 활동 사진도 공유했다.

무속 논란이 불거진 직후 윤석열 캠프는 윤석열 예비후보의 어린 시절 교회 여름성경학교 참가 사진을 인스타그램에 올렸다. 사진 | 인스타그램 캡처

윤석열은 실제 어린 시절 잠시 개신교 교회에 다녔다고 한다. 이후 천주교로 개종한 뒤 암브로시오라는 세례명까지 받았다. '범기독교인'이었던 셈이다. 그러나 그건 어디까지나 어린 시절의 이야기다. 장성한 뒤에는 종교를 가까이하지 않았고, 관련 질문을 받으면 "나는 무교"라고 밝히곤 했다.

그랬던 그가 황급히 교회에 달려간 건 명백히 무속 논란을 털어내려는 의도에서였다. 이후 그는 국민의힘 대선 후보가 된 데 이어 결국 대통령이 됐지만, 한번 형성된 '무속 프레임'은 좀처럼 사라지지 않았다. 오히려 임기 내내, 아니 비상계엄의 그 순간까지 무속과 관련해 미심쩍은 행보를 이어가는 바람에 무속 논란은 갈수록 더 강해졌다.

젊을 때부터 점 보러 다닌 尹…
꼬리 문 목격담

윤석열은 정말로 무속에 심취해 있었던 걸까. 지인들의 이야기는 엇갈린다.

일단 그가 젊은 시절부터 점을 보러 다녔다는 전언은 꽤 광범위하게 채집됐다. 2021년 4월, 그러니까 검찰총장 사퇴와 대선 출마 선언 사이에 발간된 《구수한 윤석열》(김연우 저)에는 다음과 같은 친구의 전언이 등장한다.

"석열이가 사법시험에 계속 떨어지던 1989년의 일이었어요. 주말에 어머니랑 강화도 보문사에 다녀왔다고 하더라고요. 뜬금없이 무슨 소리인가 했더니, 거기에서 뵌 스님께서 '자네는 20대까지는 운이 잘 안 풀려서 힘들고 어렵게 살았을 것이다. 걱정 마라. 30대가 넘어서면 잘 풀릴 것이다'라고 했다는 거예요."

이와 관련해 전직 검찰 간부 B는 "윤석열의 모친이 무속에 관해 관심이 꽤 많았다고 들었다"고 전했다.

그리고 역시 윤석열 부부와 떼려야 뗄 수 없는 존재, '무정 스님'이 등장한다. 윤석열과 김건희 여사의 '매파'로 지목된 바로 그 역

인천 강화군 보문사 마애석불 좌상 앞에서 학부모들이
자녀들의 수능 선전을 기원하며 108배를 하고 있다.

술인이다. 검건희는 서울의소리 이명수 기자와의 '7시간 통화'에서
다음과 같이 그에 관해 설명했다.

> "강원도 분이에요. 말이 스님이지, 진짜 스님은 아니고. 스님이 우
> 리 남편 20대 때 만나서, (남편이) 계속 사법고시에 떨어지니까 한
> 국은행에 취직하려고 했어요. 하도 고시가 떨어지니까. 그 양반이
> '너는 3년 더해야 한다'(고 했다는 거예요). 딱 3년 했는데 정말 붙더
> 라고요."

윤석열을 대학 때부터 알고 지낸 검사 출신 국회의원 C가 전한
사례도 있다.

> "내가 30대 초반쯤 지방 검찰청 검사로 있을 때 윤석열이 전화를
> 걸어와서는 '형, 나 사시 붙었어. 한번 보자'고 하더라고. 그때 윤
> 석열이 두 사람을 데리고 왔는데 그중 한 명이 무속인이었어. 당
> 시 그 사람이 나보고 '당신은 40대 때 직업을 바꿀 것'이라고 예언
> 했는데, 내가 40대에 정치인이 됐거든. 윤석열이 대선에 나온다고
> 했을 때 내가 '그때 그 무속인은 어찌 지내냐'라고 물었더니 '그놈
> 이 저를 하도 팔고 다녀서 이제 안 만나요'라고 하더라고."

역시 《구수한 윤석열》에 나오는 2016년 일화도 있다. 윤석열이
국정원 댓글 사건 수사로 정권에 밉보여 대전고검에 있던 시절, 그

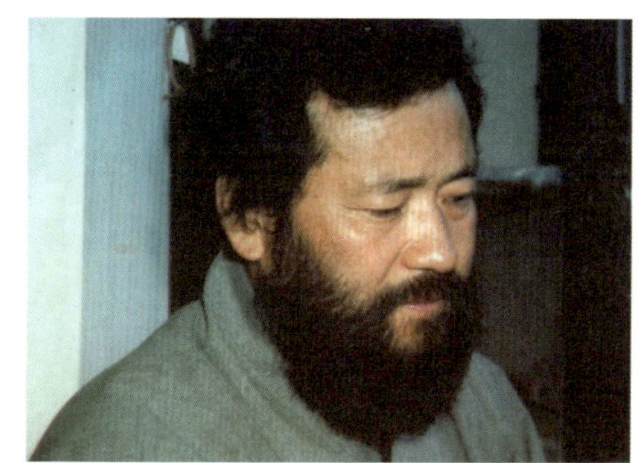

윤석열 전 대통령과
김건희 여사를 이어준 것으로
알려진 무정.
사진 | 페이스북 캡처

를 만나러 간 친구의 말이다.

"조금 걷더니 '날씨도 안 좋은데, 산책은 그만하고 내년 사주팔자나 볼까?' 이러는 거예요. 그래서 근처 철학관으로 갔죠. 철학관 선생이 '사표 쓰지 말고 그 자리에서 자신의 일에만 충실해라. 국가가 당신을 부를 것이다'라고 하더라고요."

이런 사례들로 미뤄보면 윤석열은, 특히 일반적인 남성들과 비교하면 상대적으로 점을 많이 본 편인 듯하다. 무속에 대한 관심이 적지 않았다는 사실은 부인할 수 없어 보인다.

관심 있었으나
과하진 않았다?

그러나 일부 지인들은 "과한 정도는 아니었다"고 평가한다. 윤석열 모친 사례를 소개한 B의 평가다.

"모친이 점을 자주 봤다고는 하지만 그때 그 시절 할머니들은 다 그랬잖아? 딱히 흠잡을 정도는 아니었어. 그리고 시험에 자주 떨어졌던 고시생들은 자주 사주니 점이니 하는 걸 봤어요. 자꾸 떨어지면 그런 데 갈 수밖에 없어. 언제 붙을지 모르고 너무 답답하니까."

윤석열 부부와 두루 친한 D의 평가도 별반 다르지 않다.

"고위 공직자 중에 역술, 무속 이런 걸 좋아하는 사람들이 많잖아. 조직에서 승승장구할 수 있는 건지, 어느 자리까지 올라갈 수 있는 건지 알 수가 없어서 답답하니까 인사철 앞두고 무당을 찾아가 물어보고 점 보고 많이들 그러거든. 윤석열도 그런 수준이었지 뭐."

그렇다면 김건희는 어땠을까.

17

"어? 김건희?" 느닷없이 문자 보냈다
…무속 논란 때 황당 사건

무속 2

"선생님! 저한테 그거 좀 줘보세요."

윤석열·김건희 부부와 인연이 있는 E는 두 사람과의 관계가 어
느 정도 깊어졌을 때 김건희 여사가 던진 말을 아직도 잊지 못한다.
느닷없는 김건희의 요구에 E가 반문했다.

"그거요? 뭘 말씀하시는 건지?"

김건희의 답은 의외였다.

"생년월일이요."
"생년월일이요? 왜요?"

놀란 E에게 김건희는 아무렇지도 않게 다음과 같이 말했다.

"사주 좀 보려고요."

취재팀과 만난 E가 당시를 회고했다.

"나한테 사주 보게 생년월일생시生年月日生時를 달라고 하더라고. 우리가 그때 처음 본 것도 아니었고, 서로 오래 알고 지내던 상황이었어. '내가 자기들과 본격적으로, 깊게 일을 할 수 있는 사람인지 아닌지 알아보려는 거구나'라는 생각이 퍼뜩 들더라고. 그렇다 하더라도 사주로 그런 걸 판단한다? 내가 기분이 확 나빠져서 안 알려줬어."

'김건희가 사람을 쓸 때 사주를 본 뒤에 결정한다'는 루머가 헛소문만은 아님을 조금이나마 뒷받침해주는 증언이다.
기자에게도 '김건희와 무속'에 대한 선연한 기억이 있다.

"어? 김건희?"

2019년 중앙일보와 인터뷰 중인 백재권 교수. 국내 최고의 풍수지리 전문가로 불리는 인물이다.

20대 대선이 채 한 달도 남지 않았던 2022년 2월 16일, 기자의 텔레그램 메신저가 착신음을 발했다. 메시지를 보낸 이는 놀랍게도 김건희였다.

이른바 '7시간 녹취록' 폭로 후 두문불출하던 그였다. 그랬던 그가 갑자기 보낸 메시지는 그럴 정도로 화급을 다툴 일이었을까. 다급하게 메시지를 확인한 기자는 놀라지 않을 수 없었다.

거기에는 기사 하나가 첨부돼 있었다. 그걸 클릭해보니 흰 턱수염이 길게 난 인물의 사진이 나타났다. '[단독] 역술·무속 공방 한창인 와중에 공개한 흥미진진한 이야기'라는 제목을 단 그 '월간조선' 기사의 주인공은 관상·풍수 전문가 백재권 글로벌사이버대 특

253

임교수였다.

그 인터뷰 기사에서 특히 눈길을 끈 대목은 '윤석열 부부 관상평'
이었다.

"김건희 씨를 만났을 때 '윤석열은 악어상이다. 악어는 권력은 매우
강한데 귀貴함이 없다. 그래서 직급이 올라가면서 고통을 많이 당
한다. 김건희 씨가 공작상이라 남편에게 대접받고 산다'고 말해줬
다. 그랬더니 김 씨가 '우리 남편이 밥도 하고 설거지도 혼자 다 한
다'고 하더라. 나는 '공작상의 귀함 덕으로 남편이 출세한다. 어쩌다
난관이 닥치더라도 공작은 (난관을) 피해가는 상相'이라고 말했다."

부부가 '무속 프레임'으로 꽁꽁 묶여 난타당하는 상황에서 명색
이 언론사 기자에게 그들 부부의 관상이 언급된 기사를 전달해준
것이다. 그 정무적 무신경을 개탄하는 건 별론으로 하더라도 기자
는 그 일화를 통해 무속에 대한 김건희의 관심이 어느 정도인지 조
금이나마 엿볼 수 있었다.

"무당이 나 못 봐, 내가 더 잘 봐"…
'영靈적' 인간 김건희

윤석열 부부의 주변인들은 "김건희가 윤석열보다 무속에 대한

관심이 더 컸다"고 입을 모은다. 김건희 스스로 '영적 영역'에 대한 관심이 크다는 사실을 인정하기도 했다. '7시간 녹취록'에는 다음과 같은 대목이 등장한다.

"웬만한 무당이 저 못 봐요. 제가 더 잘 봐요. 웬만한 무당 제가 봐 줘요. 제가 무당을 가서 점 보는 이런 게 아니라, 제가 무당을 더 잘 봐요. (중략) 우리 남편도 그런 약간 영적인 끼가 있거든요. 저랑 그게 연결이 된 거야."

그는 7시간 통화 상대방인 이명수 '서울의소리' 기자의 관상과 손금을 봐주기도 했다. 김건희는 이명수가 찍어 보낸 얼굴과 손금 사진을 본 뒤 다음과 같이 말했다.

"명수 씨는 여자 복이 없어요. 되게 외로운 사람인데. 우리 둘만의 비밀이야. (중략) 손금에는 환멸선이 딱 떴어요."

때로는 '무속 심취론'을 부인하기도 했다. 그의 관심사는 어디까지나 '무속'이 아니라 '영적인 영역'이라고 강조하면서다.

"내가 되게 영적인 사람이라 그런 시간에 난 차라리 책 읽고 차라리 도사들하고 같이 얘기하면서 '삶은 무엇인가' 이런 얘기를 하는 걸 좋아하지." (김)

윤석열 대통령과 김건희 여사가 2022년 12월 25일 서울 성북구 영암교회에서
성탄절 예배를 드리고 있다. 사진 | 대통령실

"누나 구약성경 다 외워? 진짜?" (이)

"나는 굿 같은 거는 단 한 번도, 내 인생에 우리 남편하고 나는 그
런 걸 해본 적이 없어. 그런 거 제일 싫어해. 나는 성경 공부 되게
오래 했어." (김)

"진짜요?" (이)

"불교도 공부 많이 해서. 종교에 다 관심이 많아요." (김)

그러나 '도사'들이 등장하면서 조금씩 베일이 벗겨진 김건희는
저 발언과 다소 거리가 있는 인물이었다. 그 도사들 중에 '건진 법

윤석열 대통령과 김건희 여사가 2024년 5월 19일 경기도 양주 회암사지에서 열린 '회암사 사리 이운 기념 문화축제 및 삼대화상 다례제'에 참석해 인사하고 있다. 사진 | 대통령실사진기자단

사'가 있었다. 그가 단순한 점쟁이였다면 별문제가 아니었을 거다. 그러나 그는 윤석열이 대선에 뛰어들 때부터 깊이 관여하면서 '비선 실세'로 판을 흔들었다. 비극의 시작이었다.

"명신이? 20대 때부터 알았지!"…
윤석열 부부와 '건진 법사'

'건진 법사' 전성배 씨(이하 건진)는 스무 살 때부터 '기도비' 받는 일을 시작했다고 한다. 그는 2000년대 들어 식음료, 패션 등 여러 사업에 손댔지만 성공하지 못했고, 사기죄로 복역까지 했다. '전업

건진 법사 전성배 씨가 SNS에 게시한
본인의 사진. 사진 | 인터넷 캡처

무속인'이 된 건 출소 이후 2010년대부터다.

김건희와는 오랜 인연이 있다. 윤석열 정권 참모 F의 말이다.

"건진을 만났는데 '김건희 여사가 20대일 때부터 알고 지냈다'고
하더라고. 김 여사를 '건희'나 본명인 '명신이'라고 막 지칭하면서
말이야. 윤 대통령은 나중에 알게 된 거라고 했어."

하지만 전후 사정을 종합하면 '김건희 여사가 20대일 때부터 알
았다'는 말은 다소 과장인 듯 보인다. 중앙일보 2025년 8월 11일자
8면 기사에는 김건희와 건진의 인연이 김건희 모친인 최은순 씨로
부터 시작됐다고 나온다.

기사에 따르면 최은순은 2008년 건진과 처음 만났다. 기사에는 최은순의 소개로 2009년 건진을 서울 라마다르네상스호텔에서 처음 만났다는 이의 발언이 등장한다.

라마다르네상스호텔은 윤석열·김건희를 이어준 매파 중 한 명으로 지목되는 조남욱 전 삼부토건 회장 소유 건물이었다.

도이치모터스 주가 조작 주포 이모 씨가 김건희에게 건진을 소개했다는 주장도 있다. 특검팀에 따르면 2013년 이 씨가 김건희에게 보낸 문자 메시지 중에 "건진은 무당이라기보다는 거의 로비스트"라는 내용이 담겨 있다.

어떤 주장에 따르더라도 건진이 1972년생인 김건희를 20대 때부터 알고 지냈다고 보기에는 다소 무리가 따른다.

다만 김건희가 2013년 건진에게 코바나컨텐츠 고문을 맡겼다는 사실로 미뤄보면 늦어도 2010년대 초부터는 각별한 관계를 맺었다고 추정해볼 수 있다.

건진과 윤석열 부부의 관계가 구설에 오르기 시작한 건 2018년 건진이 주도해 충주에서 열었던 기괴한 굿판 때문이었다. 살아 있는 소의 가죽을 벗기는, 그 엽기적인 굿판 현장에 윤석열과 김건희의 이름이 적힌 연등이 달려 있었던 게 뒤늦게 알려지면서다.

윤석열이 국정원 댓글 사건 수사로 밉보여 대구고검으로 쫓겨났을 때 "왕王이 될 것"이라며 김건희를 통해 사직을 말린 게 건진이라는 주장도 있다. 다음은 조선일보가 2025년 8월 19일자 기사에, 당시 그의 발언이라며 보도한 내용이다.

"대구는 비슬산琵瑟山에 둘러싸여 있다. 정기가 윤 검사에게 내렸다. '비슬산' 한자漢字를 보면 임금 왕王 자가 4개가 들어 있다. (윤 검사가) 왕 세 명을 잡은 뒤 네 번째 왕이 된다. (사직을) 무조건 말려야 한다."

그즈음 건진은 이미 정치권과 연을 맺고 있었다. 그를 직접 만나봤다는 정치권 인사 G의 주장이다.

"건진이 이명박 정권 실세 장관의 막힌 '혈'을 뚫어줬고 그의 건강이 호전되면서 큰 신뢰를 얻었어. 이후 그 소문을 듣고 찾아온 정치인, 법조인, 고위 공직자들과 안면을 트게 되면서 정·관계에 인맥을 갖게 된 거지."

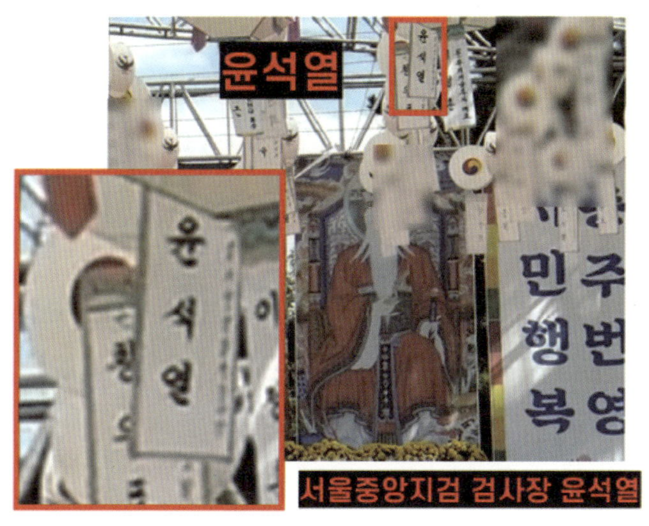

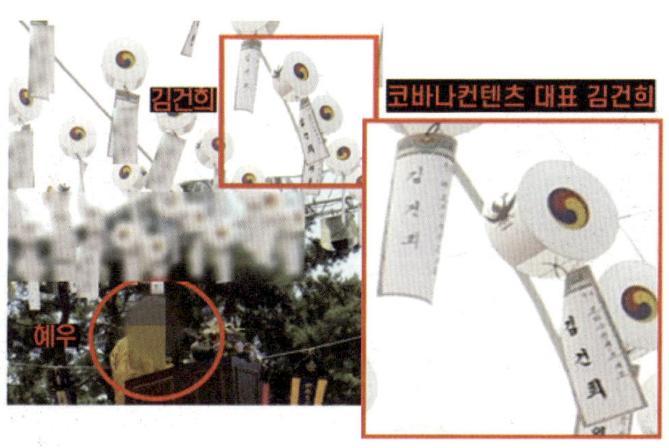

김의겸 전 더불어민주당 의원이 2022년 2월 공개한 사진. 김 전 의원은 건진이 충주에서 개최한 한 무속 행사에 윤석열 당시 국민의힘 대선 후보와 김건희 여사의 이름이 적힌 등이 달려 있었다고 밝혔다. 사진 | 김의겸의원실

'복조리 캠프'와
'양재동팀'

이런 이력으로 볼 때 윤석열이 2021년 대선을 위해 몸을 풀 때부터 건진이 깊게 개입한 건 당연한 수순이었다. 그는 자신의 서울 역삼동 법당을 '비선 캠프'의 전초 기지로 삼았다. 그는 그곳을 '복조리'라는 이름의 한식집으로 당국에 위장 등록했다. 그곳이 '복조리 캠프'라는 코드네임으로 불린 이유다.

이후 사람이 폭증하면서 수용 공간이 부족해지자 훗날 김건희에게 반클리프 아펠 목걸이 등을 상납했다는 사실이 드러난 양재역 인근의 서희건설 본사 빌딩으로 캠프를 이전했다. 건진을 비롯해

전성배 씨의 서울 강남구 역삼동 건물 2층 법당의 모습.
일본 여신 아마테라스상이 봉안돼 있다. 사진 | 독자 제공

거기서 은밀하게 활동하던 이들은 '양재동팀'으로 불렸다.

"역삼동 법당으로 가면 되죠?"
"아니, 양재역."

그의 입에서 생소한 동네명이 튀어나왔다. 반문은 자연스러운
반응이었다.

"양재역이요?"

2021년 겨울, 오랜만에 건진의 전화를 받은 사업가 H가 고개를
갸우뚱거렸다. 그의 호출 내용이 묘했기 때문이다. 건진과 10년가
량 인연을 이어오는 동안 H가 찾았던 곳은 언제나 서울 강남구 역
삼동에 있는 건진의 '법당'이었다. 그런데 그날 건진이 불러준 주소
는 서울 서초구 서초동 1366-1번지. 그동안 한 번도 찾아가보지 않
은 곳이었다.

그곳에 있었던 건 양재역 1번 출구 앞에 위치한 대형빌딩이었다.
'서희타워'로 불린 그 빌딩은 중견 건설사 서희건설의 본사 사옥이
었다. H가 이곳을 다시 떠올린 건 2025년 8월 11일 김건희 특검팀
이 서희건설 서초동 사옥을 전격 압수수색하는 방송 뉴스를 본 직
후였다. 영상 속 낯익은 사옥 건물을 보던 H는 금세 저곳이 건진이
자신을 은밀히 호출했던 '양재역' 그곳이었다는 사실을 깨달았다.

2025년 8월 10일 서희건설 본사 출입이 전면 차단됐다.
특검팀은 바로 다음 날 이곳을 대대적으로 압수수색했다.

통일교의 청탁을 받고 샤넬백 2개와 영국 그라프사의 다이아몬드 목걸이 등 모두 8,000여만 원의 금품을 김건희 여사에게 건넨 의혹 등을 받는 건진, 그 건진이 20대 대선을 목전에 두고 머물렀던 곳이 서희건설 사옥이었다. 그 서희건설의 이봉관 회장은 김건희에게 명품 목걸이를 주면서 사위의 인사 청탁을 한 것으로 지목돼 있었다. H는 이 모든 상황이 하나의 실타래로 엮인 듯, 예사로이 보이지 않았다.

순간 그의 머릿속에는 건진의 호출을 받고 찾아갔던 2021년 겨울의 그 '양재역' 사무실 모습이 생생하게 되살아났다. '윤석열·김건희의 비선 조직원' 수십 명이 분주하게 움직이고 있던 바로 그곳 말이다.

특검 수사 핵심된 '김건희-건진-서희건설' 삼각 커넥션

김건희는 2025년 8월 12일 사상 초유의 전직 영부인 구속이란 불명예를 얻었다. 법원이 밝힌 가장 주요한 영장 발부 사유는 "증거인멸 우려"였다. 특검팀이 제기한 대표적 증거인멸 사례가 반클리프 아펠의 '스노우 플레이크 펜던트'(6,200만 원 상당) 목걸이를 둘러싼 진위 공방이었다. 김건희가 2022년 6월 29일 북대서양조약기구(NATO) 정상회의가 열린 스페인 마드리드에서 착용한 바로 그 목걸이다.

이봉관 서희건설 회장이 김건희 여사에게 줬다고 주장한 반클리프 아펠 목걸이.
사진 | 반클리프 아펠 홈페이지

김건희는 그 목걸이가 진품이 아닌 모조품이었다고 주장했다. 하지만 이봉관은 "2022년 대선 직후 목걸이를 산 뒤 김건희 측에 제공했으며 몇 년 뒤 돌려받았다"며 뇌물 공여 혐의를 시인하는 자수서를 제출했다.

이 회장의 자수서엔 반클리프 목걸이의 대가로 맏사위인 검사 출신 박성근 변호사의 정계 진출을 위한 인사 청탁을 했다는 취지의 내용이 담겼다. 실제 박 변호사는 20대 대선 직후 대통령직 인수위원으로 합류했고, 윤 정부 출범 후인 같은 해 6월엔 한덕수 초대 국무총리의 비서실장이 됐다.

중견 건설사에 지나지 않는 서희건설은 대선 직후 서슬 퍼런 권력의 정점에 어떻게 다가갈 수 있었을까. 검찰총장을 지낸 대통령의 부인에게 대가를 바라며 고가의 명품 목걸이를 뇌물로 바치겠다는 발칙한 발상은 어떻게 나왔을까. 윤석열 정부와 서희건설 간 커넥션의 시작이, 혹 대선 전 서희건설 사옥에 자리 잡았던 윤석열 비선 캠프 사무실은 아니었을까. 다시 H의 기억이 궁금해졌다.

건진, 미친 듯 북 치며 "비나이다"…
김건희·서희건설과 이런 커넥션

무속 3

H는 건진이 자신을 불렀던 2021년 겨울 어느 날의 일을 소상히 기억하고 있었다. 20대 대선을 앞두고 더불어민주당은 이재명 후보가 이미 선출돼 있었고, 국민의힘은 윤석열-홍준표 간 대선 후보 경선이 한창 진행 중이었다. 건진이 물밑에서 윤석열을 열심히 돕고 있다는 이야기를 들어왔던 H는 건진이 호출한 '양재역', 즉 서희건설 사옥의 한 사무실 문을 벌컥 열었다.

사무실은 넓고 분주했다. 족히 20~30명에 이르는 사람들이 바삐 움직이며 일에 열중하고 있었다. 20대로 보이는 아르바이트생부터, 50~60대 이상으로 보이는 전직 언론인들도 있었던 것으로 기억했다. H가 자신의 기억을 풀어놓았다.

"공간이 아주 넓더라고. 100평은 족히 넘을 것으로 보였어. 그 너른 공간이 책상과 컴퓨터들도 빼곡했고, 뭔가 정돈된 상태라는 느낌을 줬어. 거기 많은 사람이 일하는 모습이 매우 인상적이었어."

H는 그곳에서 건진과 마주 앉았다. 그리고 장소에 대한 의문을 제기했다.

"역삼동 법당이 아닌 데로 절 부른 건 처음 같은데요."

건진이 답했다.

"응, 거기는 몇 명만 모여도 발 디딜 틈 없이 좁잖아."

H의 의문은 장소의 본질에 대한 것으로 이어졌다.

"이 큰 사무실을 움직이는 이유가 뭐예요?"

건진이 씨익 웃으며 답했다.

"야, 윤석열은 평생 검찰에만 있었던 사람이잖니? 국정운영 기반이 없는 윤석열을 위해서 국정 전략을 미리 수립하고, 인사 추천하고, 뭐 그런 일들을 하는 거지.”

건진은 “이곳에서 대선 관련 여론의 향방을 분석하고, 뉴스에 댓글을 다는 등의 작업도 병행한다”고 귀띔했다고 한다. 건진의 설명과 자신이 직접 본 장면을 종합하자 H의 머릿속은 금세 정리됐다. 자신이 찾은 이곳이 바로 윤석열의 비선 조직으로, 소문만 무성하던 바로 ‘양재동팀’이었다는 걸 말이다.

둘 사이의 대화가 무르익자 건진은 좀 더 많은 사실을 털어놓기 시작했다. 윤석열의 장모 최은순과 십수 년간의 인연을 맺어온 것

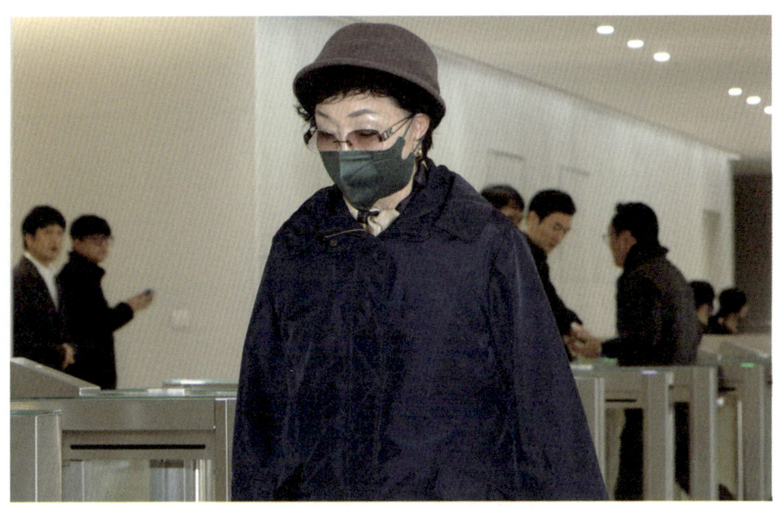

김건희 여사의 모친 최은순 씨가 김건희 특검팀에 출석하고 있다.
건진은 최 씨를 통해 김 여사와 친분을 맺은 것으로 알려져 있다.

은 물론이고, 김건희와도 사적 친분을 쌓은 건진이 윤석열을 대통령으로 만들기 위해 손수 나선 건 당연한 수순이었다. 건진은 추후 '윤핵관'으로 불리게 되는 상당수 국민의힘 국회의원들과 윤석열의 만남을 직접 주선했다고 주장했다. 이 말이 사실이라면, 윤석열과 국민의힘 주류의 연결고리가 바로 건진이었던 셈이다.

'윤석열 대통령 만들기 프로젝트' 회의는 초창기에만 해도 건진의 역삼동 법당에서 이뤄졌다고 한다. 당시 윤핵관을 자처했던 일부 국민의힘 의원과 건진 등 캠프 핵심 세력들이 법당에서 종종 모여 회의를 했다. 물론 윤석열도 참석했다.

하지만 법당은 좁았다. 성인 다섯 명만 들어서도 꽉 차버리는 탓에 보다 넓은 공간이 필요한 상황이 됐다. 이때 선뜻 "내가 보증금을 내고 임차한 사무실을 내놓겠다"는 사람이 등장했다고 한다. 재향군인회(향군) 경영고문 출신의 오을섭이었다.

건진과 오을섭 사이엔 건진의 처남인 '찰리(한국명 김철)'가 있다고 한다. 코로나19 바이러스가 창궐하던 당시 오을섭과 찰리가 마스크 사업을 동업하며 제법 큰돈을 만졌다는 것이다. 이러한 연유로 오을섭은 사무실을 선뜻 건진에게 내놓았고, 곧 '양재동팀'의 핵심으로 떠올랐다.

다만 건진은 H가 "사무실을 제공받은 건 그렇다 치고, 임대료는 어떻게 내고 있느냐"고 묻자 미적대며 자세한 이야기를 하지 않았다고 한다. 양재역 1번 출구 바로 앞, 서울 강남의 노른자위 땅에 성인 수십 명이 모여서 근무할 만큼 넓은 공간이라면 임대료가 적어도 월 수천만 원은 훌쩍 넘었을 가능성이 크다. 특검팀이 '양재동팀' 불법 대선 캠프 사무실 임차에 서희건설이 특혜를 줬거나, 아예 무상 임대했을 가능성도 들여다보고 있는 이유다.

"건진, 20대 대선 앞두고 '윤석열 당선 기원 굿' 했다"

무속인인 건진이 그 무렵 대선 승리를 위해 굿을 했다는 전언도 있다. 다음은 서희건설 사정을 잘 아는 I가 중앙일보에 해준 얘기다.

"건진이 20대 대선을 앞두고 윤석열의 당선을 기원하면서 굿을 했다는 말도 있어요. 비밀 캠프 사무실에서 미친 듯이 북을 쳐대면서 '비나이다, 비나이다'라고 기도를 했다는 거예요. 주변에 북소리가 퍼져나가니 얼마나 시끄러웠겠어요. 그래도 아무도 말리지 못했나 보더라고요."

윤석열이 국민의힘 대선 경선에서 승리하며 당 후보로 공식 선출되자 비선 조직이던 양재동팀도 음지에서 양지로 나왔다. 국민의힘 대선 선거대책위 조직본부 산하 '네트워크본부'로 정식 직제화된 것이다. 본부장은 오을섭, 부본부장은 추후 일본 오사카 총영사로 임명된 김형준 전 청와대 춘추관장이 맡았다. 건진은 상임고문이란 직책으로 조직을 총괄했다. 이들은 공식 캠프가 들어섰던 서울 여의도 대하빌딩 9층에 머물렀는데, 같은 층에 근무하던 캠프 실무자조차 이들이 무슨 일을 하는지, 어떤 사람들인지 몰랐다고 했다.

그러나 당시 그의 위상이 어땠는지는 뉴스타파가 보도한 2025년 1월 5일자 검찰의 건진 신문조서에서 확인할 수 있다.

Q 피의자는 네트워크 본부장들로부터 활동을 보고받고, 활동방향을 제시하고, 활동내용을 지시하는 역할을 한 것이 아니었나요? (검사)

A 보고라고 저한테 문자를 많이 보냅니다. 제가 힘 있는 줄 알고 열심히 보고한다고는 합니다. (건진)

건진이 손바닥 왕王자의 장본인이었다는 주장도 있다. 다음은 조용헌 건국대 문화콘텐츠학과 석좌교수가 2022년 1월 10일자 조선일보에 '둔갑술과 검법'이라는 제목으로 게재한 칼럼의 일부다.

"윤석열 캠프에도 도사들이 포진되어 있다. 그중의 하나가 J도사. (중략) 손바닥의 '王'자도 이 도사 작품이다."

칼럼에는 또 하나의 놀랄 만한 내용이 포함돼 있었다.

"J는 가끔 면접도 본다. 네모진 얼굴을 지닌 어떤 참모를 발탁할 때

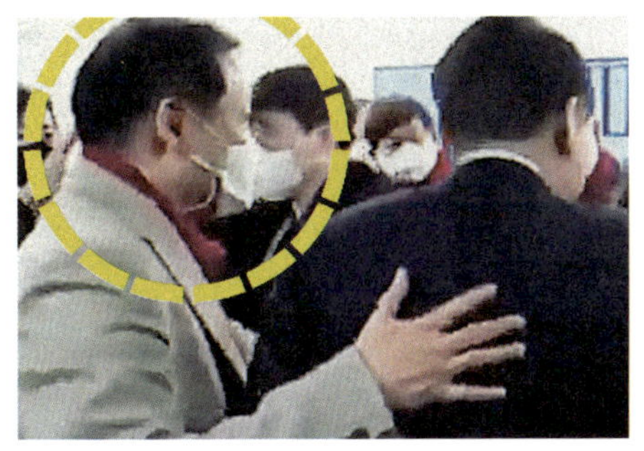

전성배 씨가 2022년 1월 국민의힘
선거대책본부가 마련된
서울 여의도 대하빌딩에서
윤석열 당시 국민의힘 대선 후보의
등에 손을 얹고 있다. 사진 | 유튜브 캡처

도 면접을 보면서 남긴 코멘트. '당신은 의리가 있는 관상이니까 윤 후보를 도와도 되겠다.'"

이후 조 교수는 경향신문과의 인터뷰에서 "J도사는 전성배(건진)"라고 주장했다.

건진과 네트워크본부의 존재가 부각된 건 대선을 두 달 앞둔 2022년 1월, 한 언론의 단독 보도를 통해서였다. 무속인 건진이 윤석열 캠프에서 막강한 영향력을 발휘한다는 내용이었다. 캠프는 보도 내용을 부인했지만 그게 거짓말로 판명나는 데는 오랜 시간이 걸리지 않았다. 모두가 깜짝 놀랄 만한 영상이 공개되면서다.

"직원들 다 이리로 와. 동작을 빨리해야 돼. 후보님, 딴 거 없어. 여기 와서 빨리 좀 찍어주세요."

거기에는 건진이 사무실을 방문한 윤석열의 어깨와 등을 툭툭

치거나 잡아끌면서 현장을 지휘하는 장면이 생생하게 찍혀 있었다. 이 영상은 캠프를 쑥대밭으로 만들었고, 결국 1월 18일 '네트워크본부' 해산으로 이어졌다.

하지만 이들은 '밝은미래위원회'로 이름만 바꿔 지속적으로 선거운동을 도왔다고 한다. 다음은 역시 뉴스타파가 보도한 검찰 신문조서다.

Q 피의자의 무속인 논란으로 인하여 외부적으로는 네트워크본부가 해체되었으나, 실제로는 밝은미래위원회로 재편되어 종전과 같이 활동하였고, 피의자는 일일보고를 받으면서 종전과 같이 선거운동을 지휘한 것으로 보이는데 맞는가요? (검사)

A 이거는 이 사람이 저한테 그냥 계속 자료를 보냅니다. 그러면 본인이 열심히 하고 있다는 식으로 저한테 홍보하는 것입니다. (건진)

그의 활약상에 비하면 실로 '겸손한 답변'이었다. 건진은 김건희로 향하는 각종 로비의 창구가 됐고, 공천 청탁 의혹 등에도 직접 연루됐다. 결국 김건희와 함께 구속기소돼 특검팀 수사와 재판을 받는 처지로 전락했다.

물론 윤석열과 김건희의 정치 도사는 건진뿐만이 아니었다. 명태균이 뒤를 이었다.

'지리산 도사' 명태균,
김건희의 '선생님' 되다

　명태균은 물론 여론조사 전문가이자 정치 브로커로 더 유명하다. 스스로 "나는 역술인이 아니다"라고 주장하기도 했다. 그러나 2024년 10월 28일 공개된 유튜브 채널 '장윤선의 취재편의점' 인터뷰에선 "제 별명이 지리산 도사였다"고 스스로 말한 적이 있다. 일요신문 1695호에도 그가 2010년대 초반 창원 등에서 풍수가로 활동했다는 증언이 다수 소개돼 있다. 무엇보다도 지금까지 알려진 그와 김건희의 관계가 '무속'이라는 끈으로 단단히 엮여 있었다.

　김건희는 명태균을 2021년 서울 서초동의 갈비집에서 처음 만났다. 그리고 그 자리에서 '선생님'으로 모셨다. 이후 두 사람이 주

명태균 씨가 직접 공개한 자신의 사진. 사진 | 페이스북 캡처

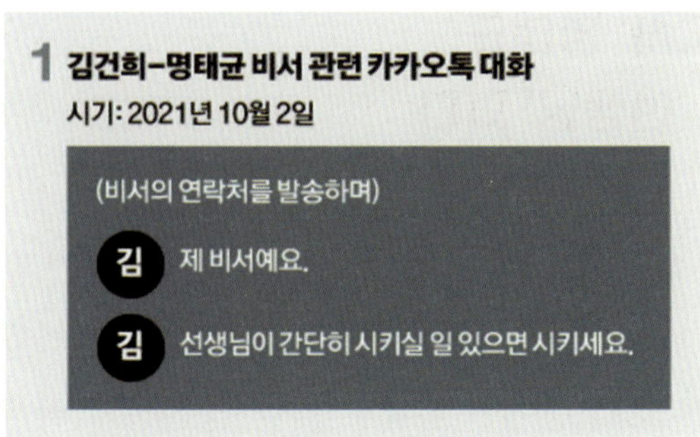

고받은 메시지에는 그 호칭이 수도 없이 등장한다.

명태균도 이명수와의 대화 과정에서 '선생님'임을 과시하곤 했다. 이명수가 "김건희가 코바나컨텐츠 사무실에 있는 '세라젬' 안마의자에 누워서 사람을 맞는데 예의 없는 것 아니냐"고 하소연하자 그는 이렇게 말했다.

"(김건희가 거기) 누워 있지를 않아요. 내가 가면 바로 앉아 있지. 선생님인데.(중략) 선생이라는 건 모든 언어의 가장 극존칭이 선생이야. (김건희가 나에게) '선생님 선생님' 그랬지."

'장님 무사, 앉은뱅이 주술사'…
매료된 김건희, 경계한 윤석열?

그가 김건희의 '선생님'이 된 배경에는 대선판에서의 활약뿐 아니라 무속에 대한 공감대도 분명 존재했다. '명태균 게이트' 폭로자인 강혜경 씨는 2024년 10월 21일 국회 법사위 국감에 출석해 이성윤 민주당 의원과 다음과 같은 문답을 주고받았다.

Q 첫 만남 때 두 사람이 나눈 대화를 아십니까? (이)

A 김건희 여사가 명태균 대표를 봤을 때 '조상의 공덕으로 태어난 자손이다'라고 얘기를 하면서 첫 대면을 했다고 들었습니다. (강)

Q 명태균이 김건희와의 친분을 자랑하면서 '장님 무사, 앉은뱅이 주술사'라는 얘기를 많이 했다는 데 맞습니까. 무슨 뜻입니까. (이)

A 네, 맞습니다. 윤 대통령은 장님이지만 칼을 잘 휘두르기 때문에 '장님 무사'라고 했고 김건희 여사는 밖으로 나가면 안 되는

강혜경 씨(맨 왼쪽)가 2024년 10월 21일 법사위 국정감사장에서 김건희 여사와 명태균 씨간의 관계에 대해 폭로하고 있다. 그의 옆에는 윤석열 전 대통령의 최측근인 윤재순 당시 대통령실 총무비서관(가운데), 심우정 검찰총장이 앉아 있다.

주술사라고 했습니다. '예지력 같은 주술 능력은 있지만, 밖으로 나가면 안 되기 때문에 장님 어깨에 올라타서 주술을 부리라'는 의미로 얘기한 거로 알고 있습니다. (강)

Q 그러면 명태균 씨가 김건희와 무속에 관한 공감대는 많이 있었던 거로 보입니다. 맞습니까. (이)

A 예, 그렇습니다. (강)

강혜경은 명태균이 김건희에게 해몽도 해줬다고 주장했다.

"김 여사가 '꿈을 좀 안 좋게 꿨다'고 얘기를 하니까 명 대표가 '윤 핵관이라는 그 세 분(권성동, 장제원, 윤한홍)이 윤석열을 팔팔 끓는 솥에 삶아 먹는 그런 현상이다'라고 얘기했습니다."

명태균은 그렇게 무속적 방식으로 김건희를 매료시켰고, 그를 통해 윤석열과도 끈끈하게 연결된다. 그런데 윤석열은 김건희와 달리 명태균을 경계했다는 주장도 나온다. 윤석열의 참모였던 K의 이야기다.

"윤 대통령은 명태균을 상당히 경계했어. '내가 수사 많이 해봐서 아는데 몇 번 보니 사기꾼이야'라고 말한 적도 있었어."

그러나 이후 윤석열이 명태균과 숱하게 주고받은 통화 및 문자

박찬대 원내대표(맨 왼쪽) 등 더불어민주당 관계자들이 2024년 10월 31일 국회에서 긴급 기자회견을 열고 윤석열 대통령과 명태균 씨 간 공천 개입 통화 녹취록을 공개하고 있다.

메시지 등으로 미뤄보면 이 주장에는 고개가 갸웃거려진다. 그 발언이 진심이 아니었거나 좋게 보더라도 명태균 또는 김건희의 '조화'에 넘어가 초기의 경계심을 잃은 것으로 해석할 수밖에 없다.

명태균은 정권 출범 이후에도 김건희의 '가정교사' 노릇을 하면서 정치와 무속에 대한 조언을 이어나갔다. 그리고 급기야 공천에 개입해 '명태균 게이트'를 촉발시킨다. 그의 이야기는 나중에 더 자세히 다루겠다.

윤석열이 대선에서 승리하고 정권 출범 작업을 본격화하면서 '도사'들의 움직임도 덩달아 빨라졌다.

19

"용산 이전 겨우 막았는데 '도사'들이!" …어느 윤핵관의 절규

용산 1

"어? 아닌데?"

2022년 3월 20일 TV를 지켜보던 여권 고위 인사 A가 외마디 소리를 질렀다. 그날은 인수위가 꾸려진 뒤 맞은 첫 일요일이었다. 1987년 대통령 직선제 개헌 이후 역대 최소 격차인 0.73%포인트 차로 대선 승리자가 된 윤석열 대통령 당선인의 첫 기자회견이 예고된 날이기도 했다.

A가 놀란 건 그 기자회견 직전 TV 화면 아래 흐르던 자막을 보고서였다. '대통령 집무실, 용산 국방부 청사로 이전'이란 자막이었다.

그는 그 자막을 곧이곧대로 믿을 수가 없었다. 그럴 만한 이유가 있었다. 바로 며칠 전 윤석열로부터 직접 "용산은 문제가 많더라"는 말을 들었기 때문이다.

청와대를 떠나겠다는 건 윤석열의 대선 공약이었다. 그는 "광화문 시대를 열겠다"고 여러 번 다짐했다. 그리고 그는 문재인 전 대통령과 달리 식언할 생각이 없었다. 당선 직후부터 광화문에 있는 정부서울청사 등으로의 이전 가능성을 타진하기 시작했다. 그러다가 어느 순간 대선 국면에서 단 한 번도 거론된 적 없었던 장소가 다크호스로 부상했다. 용산이었다.

다음은 A의 이야기다.

대통령 집무실 이전 1년여 전인 2021년 1월의 청와대 설경. 사진 | 청와대사진기자단

"제가 보기에 용산은 여러모로 문제가 많은 곳이었어요. 그래서 용산 이전을 서두르면 안 되는 이유를 적은 서류들을 한 뭉치나 들고 윤 당선인을 설득하러 갔어요. 그런데 윤 당선인이 먼저 '용산에 가보니까 문제가 많더라고요'라고 말했어요. 그래서 '아, 용산으로 가지 않겠다는 뜻이구나'라고 이해했죠."

한 템포를 쉰 A는 말을 이었다.

"그런데, 하루나 이틀쯤 지났을까, TV 하단에 '대통령실, 용산 이전'인가 뭐 그런 자막이 흘러나오더라고요. 처음에는 안 믿었죠. '자막이 왜 이러지? 기자들이 취재를 똑바로 안 하네'라고 생각했

윤석열 대통령 취임식을 하루 앞둔 2022년 5월 9일, 대통령 집무 공간으로의 변신을 마무리한 용산 국방부 청사 모습.

어요. 그런데 몇 분 후 윤 당선인이 직접 대통령실 용산 이전 발표
를 하더라고요. 경악했죠."

A뿐만이 아니었다. 윤석열에게 용산 이전 반대 의견을 전했던
많은 이들이 그걸 보고는 함께 한탄했다.

그는 도대체 왜 용산 이전을 밀어붙였을까. 당시 상황을 잘 아는
윤석열의 최측근 B는 취재팀의 질문을 받은 뒤 한숨을 내쉬었다.

"내가 오세훈 서울시장에게 SOS를 치면서까지 용산 이전이 엎어
지도록 노력했고 거의 다 됐거든."

그가 말을 이었다.

"그런데, 김용현과 '도사'들이 끼어들면서 결국 용산 이전으로 결
론이 나버렸어."

12·3 비상계엄의 핵심 중 한 명인 김용현 전 국방부 장관은 당
시 청와대 이전 태스크포스TF의 부팀장이었다. 김용현과 도사들?
취재팀은 구체적인 배경을 더 캐물었지만, 그의 입은 그 순간 닫
혀버렸다. 무속인들이 대통령실 용산 이전의 결정적 원인이었다는
그의 주장은 사실일까, 아니면 억측에 불과한 걸까. 그것도 아니면
'무속'이 수많은 요인 중 하나로 존재하긴 했던 걸까.

환영받지 못한 프로젝트
'용산 이전'

확실한 건 용산 이전 계획이 많은 이들에게 환영받지 못한 프로젝트였다는 사실이다. 민주당 등 반대 세력뿐만이 아니었다. 윤석열의 측근이나 멘토들 역시 마뜩잖아했다. 청와대 이전 TF팀에서 일했던 C는 이렇게 기억했다.

"용산으로 가는 걸 거의 모두가 반대했어. 친윤계 인사들도 그랬고, 당선인의 멘토인 김한길 국민통합위원장까지 반대했거든"

참모들도 마찬가지였다. 그들은 다양한 논리로 윤석열을 설득하기 시작했다.

"일단 청와대에서 임시로 집무를 보신 뒤에 추후 이전을 추진하는 게 좋지 않을까요?"
"광화문 청사에서 1년만 일하신 뒤에 용산으로 이동하는 건 어떻겠습니까?"

하지만 윤석열은 요지부동이었다.
보수 진영 유력 인사인 D의 이야기다.

"용산으로 이전한 건 내가 봐도 미스터리야. 용산으로 당장 들어가야 한다고 한 정치인 그룹이 거의 없었는데, 누구한테 무슨 말을 듣고 단번에 용산으로 들어갔는지. 윤석열이 당시 최고 실세라던 장제원 말도 안 들었어. 윤석열이 나한테 '장제원이 지금 옮기지 말고 광화문 시대부터 연 다음에 차차 용산으로 갈 준비가 되면 그때 가자고 2단계 구상을 제안했는데 내가 안 들었다'고 하더라고."

윤석열·김건희 부부와 모두 친한 E도 고개를 갸웃거렸다.

서울 남산에서 내려다본 용산과 국방부 청사의 모습.

"용산에 왜 갔는지는 나도 진짜 모르겠어. 광화문 정부청사에서 일하고 국무총리 공관을 사저로 쓰는 거로 알고 있었어요. 그런데 갑자기 용산이라니. 왜 용산인지 물어보니 이런저런 이유를 대는데 도통 믿을 수가 없더라고요. 그것 때문에 윤 당선인과 제일 많이 싸웠어요."

"윤석열, 대통령감이었다"…
참모가 경탄한 이유는?

물론 용산은 길지吉地다. 경복궁이 있는 광화문에서 한강으로 이동하는 길목에 위치한 덕택에 조선 시대 물산의 집하장이었던 노른자위 땅이다. 1882년 임오군란을 계기로 조선에 들어온 청나라 군대가 그 요충지를 차지했고, 뒤이어 들어온 일본군과 미군도 거기에 터를 잡았다. 미군이 떠난 뒤 용산 개발이 본격화했고, 그 땅을 주목한 정치권 인사들도 적지 않았다.

그러나 너무 갑작스러웠다. 게다가 이미 그곳에 자리 잡고 있던 국방부를 쫓아내야 했다. 반대 여론이 만만치 않았던 이유다.

2022년 3월 20일 윤석열의 용산 이전 발표는 그야말로 군사작전을 펴듯 속전속결식이었다. 감색 정장에 국민의힘 상징색인 붉은색 넥타이를 매고 카메라 앞에 선 윤석열도 반대 여론을 의식했다.

윤석열 대통령 당선인이 2022년 3월 20일 인수위 사무실에서
대통령 집무실의 용산 이전과 관련해 기자회견을 하고 있다. 사진 | 공동취재단

"국민께서 '조금 급한 것 아니냐', '시간을 갖고 봐야 하지 않느냐'고
우려의 말씀이 있다는 것을 알기 때문에 제가 직접 나서서 국민께
이해를 구하는 것입니다."

윤석열은 가느다란 지시봉으로 조감도 속 건물을 하나씩 짚으며
5분간 대통령 집무실 이전에 관한 대국민 프레젠테이션PT을 했다.
그러면서 '결단'이란 말을 여러 번 썼다.

"제왕적 대통령제를 내려놓는 방식이 제왕적 대통령제 같은 방식
이라고 하시는데요. 이건 결단을 내리지 않으면 안 됩니다."

청와대 이전 TF에 있었던 C도 그 결단을 언급했다. 그는 그 결
단을 높이 평가하는 축이었다.

"반대가 하도 많으니까 윤 당선인도 한참을 고민하더라고. 하지만
결국 '그러면 문재인과 똑같아진다'며 반대를 뚫고 결단을 내리더
라고. 난 외려 그걸 보고 '대통령 자질이 있구나'라는 걸 느꼈어. 결
단하는 게 쉬운 건 아니거든."

결단은 그가 언급한 대로 제왕적 대통령제 탈피와 엮여 있었다.
조금 더 부연해 설명하면 윤석열은 청와대의 경우 대통령 집무공
간이 기자실과 동떨어져 있어 국민과의 소통이 불가능한 폐쇄적
구조라고 봤다. 윤석열 스스로가 그로부터 5개월 뒤인 그해 8월 취
임 100일 기자회견에서 이와 관련해 설명하기도 했다.

"그 도어스테핑 때문에 지지율이 떨어진다고 당장 그만두라고 하
시는 분도 계시지만, 그건 제가 용산으로 대통령실을 옮긴 가장 중
요한 이유입니다. 대통령직 수행 과정을 투명하게 공개하고 국민
과 소통하는, 새로운 대통령 문화를 만들기 위해서였습니다."

신문 칼럼 보고 5일 만에 결정?⋯ 석연치 않은 해명과 '무속 의혹'의 부상

그렇지만 그게 반드시 용산이어야 하는 이유를 설명하진 못했다. 그 직후 여론조사에서 용산 이전 반대 여론이 더 높게 나온 것은 국민도 선뜻 납득하지 못했다는 의미다.

급히 방어에 나선 측근들의 해명도 석연치 않았다. 용산 이전 발표 다음 날 권성동 국민의힘 의원은 MBN의 '판도라' 프로그램에 구원 투수로 등판했다가 묘한 말을 했다.

"처음에는 광화문이 후보지였는데 경향신문 국방 전문기자가 '용산 시대를 열라'면서 칼럼을 썼어요. 담당 실무자가 그걸 보고 용산 국방부에 가본 겁니다." (권)
"그럼 경향신문 기자 아이디어에서 나온 거예요, 용산이?" (사회자)
"그렇죠." (권)"

'청와대는 국방부로 가야⋯용의 땅, 대통령 시대'라는 제목의 그 칼럼은 2022년 3월 15일 게재된 것이었다. 용산 이전 발표일로부터 5일 전이다. 권성동의 주장대로라면 불과 5일 만에 광화문에서 용산으로, 국가 대사의 흐름을 급변경했다는 말이 된다. 그것도 겨우 신문 칼럼 하나로 말이다.

그 무렵부터 이전 발표일 브리핑에서 나온 한 기자의 질문이 새

삼 부각되기 시작한 건 어찌 보면 자연스러운 수순이었다.

그때 윤석열은 웃었다.

하지만 그의 부인에도 불구하고 의혹은 잠잠해지지 않았다. 오히려 '용산 이전'을 종용한 '도사'들의 과거 발언이 '발견'되면서 의혹의 강도는 더 강해졌다.

"용산에 용이 와야 해!"… '천공 스승'의 지시?

먼저 주목받은 건 윤석열의 '스승'을 자임해온 천공이었다. '우리는 용산을 어떻게 활용해야 하는가'라는 주제의 2018년 강의 영상에는 다음과 같은 그의 발언이 등장한다.

유튜브를 통해 강연 중인 천공. 사진 | 유튜브 캡처

"용산에는 어떻게 힘을 쓰느냐 하면 용이 와야 해. 용이 어떻게 와요. 용은 그냥 오면 쓸모가 없어요. 여의주를 들고 와야 해. 여의주가 뭐예요. 법이에요. 인간한테, 사람한테 최고의 사람을 용이라고 합니다. 용."

천공은 용산 이전 발표 직후에도 이를 공개 지지했다.

"참 잘하는 거죠. 너무 잘하는 겁니다. 앞으로 그쪽(용산)이 빛나기 시작하고 발복發福하기 시작하면 국제 귀빈들이 오더라도 굉장히 좋아할 겁니다." (2022년 3월 23일 YTN)

한남동 공관촌 일대의 모습. 윤석열 대통령은 이곳에 있던
외교부 장관 공관을 관저로 사용하게 된다. 사진 | 구글 어스

민주당은 천공이 대통령 관저 선정에 개입했다는 의혹도 제기했
다. 천공처럼 생긴 사람이 관저 후보지를 돌아다녔다는 목격담이
속출했다.

해당 의혹에 대해 수사한 경찰은 2023년 8월 "천공 관여 의혹은
사실이 아니다"라고 발표했다. 그러나 관저 후보지를 역술인이 둘
러본 건 사실이었다. 천공처럼 흰 수염을 길게 기른 백재권 글로벌
사이버대 특임교수였다.

"용산 이전으로 혈을 뚫었다"…
백재권의 가세

백재권은 관저 부지를 혼자 몰래 보고 온 게 아니었다. 청와대 이전 TF 팀장인 윤한홍 국민의힘 의원, 부팀장인 김용현과 함께 여러 후보지를 둘러본 뒤 육군참모총장 공관을 관저 부지로 추천까지 했다.

그 역시 예사로운 인물은 아니었다. 앞서 등장한 대로 대선 직전에 김건희 여사의 관상을 본 뒤 "공작상이다. 공작상의 귀함 덕으로 남편이 출세한다"고 말해준 게 바로 백재권이다. 김건희가 영부인

2019년 중앙일보와 인터뷰 중인 백재권 교수.

이 된 뒤에도 두 사람의 관계는 이어졌다. MBC 보도에 따르면 관저 개입 의혹으로 논란이 된 2023년 7~9월 김건희가 통화한 사람은 모두 81명이었는데 이 중 가장 길게 전화한 사람이 바로 백재권이었다. 총 13차례 4시간 26분 48초 동안이나 통화했다.

백재권은 2022년 지방선거 직전 여성경제신문에 기고한 '6·1 지방선거, 국민의힘 압도적 우세 예상'이란 제목의 칼럼에서 용산 이전을 극찬하기도 했다.

"청와대를 국민 품으로 돌려준 것은 역사적인 결단이었다. 불통과 단절의 상징이었던 청와대였으나 용산으로 대통령 집무실을 옮겨 그동안 막힌 혈六이 '뻥' 뚫리는 효과가 벌써부터 나타나는 것이다."

20

"그 건물 옆이라 갔단 말도 있어"
尹 참모, 용산행 한숨 쉬며 한 말

용산 2

"내가 (김건희 여사한테) 청와대 가면 뒈진다 했는데, 본인 같으면 뒈진다 하면 가나? (중략) 내가 이랬잖아. 그 청와대 뒷산에, 백악산은 좌로 '대가리'가 꺾여 있고, 북한산은 오른쪽으로 꺾여 있다니까."

2024년 11월 8일 더불어민주당이 통화 녹취록을 공개했다. 녹취의 당사자는 '지리산 도사' 명태균 씨였다.

"대통령이 청와대를 나오느냐"는 지인의 물음에 그는 위와 같이 답했다. 민주당은 그 녹취록을 근거로 용산 이전과 명태균, 그리고

2025년 3월 18일 촬영한 청와대와 북악산(백악산) 설경.

김건희 여사를 결부시켰다.

"명태균 씨의 조언을 김건희 여사가 완벽하게 신뢰했고, 이 때문에 대통령실 이전을 서둘렀다는 설명이 가능해집니다." (노종면 당시 민주당 원내대변인)

명태균은 즉각 반박에 나섰다.

"대통령실 이전 무렵에도 김 여사와 연락은 했지만, 내가 이삿집 사장도 아니고 풍수 보는 사람도 아닌데, 나에게 뭐 하려고 (청와대 이전 관련) 조언을 구하겠습니까."

그러나 여론은 차디찼다. 윤석열 대통령의 지지율은 바닥으로 곤두박질쳤고, 그와 김건희에 대한 불신이 끝 간 데 없이 치솟을 때였다. 그런 와중에 공개된 명태균의 녹취록은 국민에게 "용산 이전 배후에 무속인들이 있었다"는 정권 초의 의혹을 거의 '사실'로 인식시켰다. 후반부에 상세히 설명하겠지만 진위를 떠나 취재 과정에서 듣게 된 당시 대통령실 내부의 '무속 루머' 중에는 그야말로 기가 찬 것도 있었다.

그로부터 사흘 뒤인 11월 11일 국회에서 김병주 민주당 의원이 한 사람을 다그쳤다. 무속인들과 함께 용산 이전 주도 세력으로 낙인 찍힌, 그리고 불과 20여 일 뒤 '주군'과 함께 느닷없는 비상계엄을 주도하게 되는 김용현 당시 국방부 장관이었다.

김용현 전 국방부 장관이 국회에 출석해 의원들의 질의에 답하고 있다.

"장관도 청와대 이전에 관여한 분인데 명태균 씨 알고 있었습니까" (김병주)

"전혀 몰랐습니다." (김용현)

도사들은 그렇다 치자. 김용현은 왜 용산 이전과 관련해 자꾸만 이름이 언급되는 걸까. 앞서 등장했던 '윤핵관'의 발언, 즉 "김용현과 '도사'들이 끼어들면서 결국 용산 이전으로 결론이 나버렸다"는 주장은 과연 사실일까.

"김용현과 무속인 때문에 용산으로 옮겼다고? 말도 안 돼!"

그게 아니라면 위와 같은 인수위 핵심 인사 A의 단언이 보다 더 진실에 가까운 걸까. 그걸 알기 위해 이제부터 용산 이전과 김용현·도사 관여 논란에 대한 당시 인수위 및 청와대 이전 태스크포스 TF 관계자들의 다양한 의견들을 하나하나 짚어보자.

'윤석열의 군인' 김용현, '청와대 이전 TF'를 맡다

김용현은 윤석열의 군인이었다. 또한 윤석열의 충암고 1년 선배이기도 했다. 육사 38기인 그는 동기 중 선두 주자로 승승장구했지만 2016년 한민구 당시 국방부 장관은 그를 대장으로 진급시켜주지 않았다. 그로부터 1년 뒤 결국 3성 장군으로 전역한 그는 전역 이후에도 한을 떨치지 못했다.

김용현과 육본·합참에서 같이 일하며 바로 옆에서 지켜본 육사 출신 예비역 B의 증언이다.

그 무렵 윤석열의 부상을 눈여겨본 김용현은 그를 통해 한을 풀겠다고 다짐했다. 김용현은 현직에 있을 때부터 군인 중에서는 정치 감각이 뛰어난 편이었다. 육군참모총장 비서실 과장과 비서실장, 청와대와 관저 경비를 담당하는 수도방위사령부 제55경비단 소령, 육본 국회 연락담당관 등을 역임한 이력 덕택이다. B의 설명이다.

김용현은 주저 없이 윤석열 예비후보 캠프에 합류했다. 그러고

윤석열 국민의힘 대선 예비후보가 2021년 9월 22일 외교·안보 관련 공약을 발표하고 있다.
김용현(왼쪽 다섯째) 전 합참 작전본부장도 그 현장에 있었다.

는 육사 출신 예비역들을 모아 '국민과 함께 하는 국방포럼'을 발족시켰다. 윤석열은 2021년 9월 22일 바로 그 국방포럼 인사들을 배석시킨 자리에서 외교·안보 공약을 발표했다. 물론 김용현도 그 자리에 있었다. 그가 외교·안보정책 자문단의 수장 역할을 했다는 평가가 나오는 이유다.

"김용현이 '용산' 가져와 밀어붙였어"

윤석열은 대통령에 당선된 뒤 그에게 청와대 이전 TF 부팀장 자리를 맡겼다. 팀장이자 핵심 '윤핵관'이던 윤한홍 국민의힘 의원 바로 아래의 중요 보직이었다. 그가 용산 이전과 엮이게 된 이유다.
윤석열은 왜 그에게 그 자리를 줬을까. A의 추측이다.

김용현은 실제 윤석열 정권의 첫 경호처장이 된다.
용산 이전의 주역이 그였다는 주장도 나온다. 청와대 이전 TF팀
에 있었던 C의 이야기다.

"이전 후보지가 세 군데 정도 거론됐던 거로 기억하는데 광화문의
정부서울청사와 그 옆에 있던 외교부 청사, 그리고 용산이었어. 내
기억에 용산은 김용현이 가져와서 밀어붙였던 안이었어."

실제 김용현이 용산을 적극적으로 밀었다는 정황도 있다. 그는
권성동 국민의힘 의원이 용산 이전에 영향을 미친 결정적 요인으
로 지목했던 경향신문 기자의 칼럼과 관련해 CBS '김현정의 뉴스
쇼' 인터뷰에서 "그 칼럼에 영향을 받은 게 아니라 내가 (그 칼럼 작
성) 자문을 했다"고 밝혔다.

"도사 개입? 말도 안 돼!"…
만만치 않은 반론

그렇다면 윤석열 또는 '윤석열 부부'가 김용현과 '도사'들의 말을 듣고 용산 이전을 밀어붙였다는 주장은 진실에 부합하는 걸까. 이런 관점을 부인하는 이들도 적지 않다. 먼저 C의 이야기다.

"용산 이전은 급히 결정된 게 아니었어. 윤석열의 공약이었고, 그래서 대선 전부터 물리적 이전팀과 소프트웨어적 이전팀을 만들어 검토를 시작했지. 거기서 대선 공약인 '광화문 시대'를 열기 위해 다각도로 검토했지만, 광화문 지역은 불가능하다는 결론이 도출됐어. 그래서 다양한 대안을 윤석열 당선 이전부터 여러 사람이 검토했고 그 결과 용산을 선택한 거야."

윤석열 캠프 핵심 인사였던 D가 부연 설명했다.

"청와대는 안 가는 것으로 확정돼 있었고, 그렇다면 어떤 곳으로 가야 하느냐를 따져봤지. ①혈세를 들여 새로 건물을 만들 필요가 없을 곳, ②시민 불편이 없을 곳, ③안보·보안 쪽으로 문제가 없을 곳이 중점 검토 대상이었어요. 그런데 광화문은 ②, ③번에서 걸렸어. 담당자들이 기업들과 출퇴근 시민들의 불편, 벙커 문제와 헬기장 문제를 주로 언급했어."

윤석열 대통령 당선인이 2022년 3월 20일 청와대 대통령 집무실의 용산 이전과 관련해
기자회견을 하고 있다. 사진 | 국회사진취재단

윤석열이 2022년 3월 20일 기자회견 때 다음과 같이 밝힌 게 거짓말은 아니라는 얘기다.

"시민들 불편이 세밀하게 검토가 안 된 것 같습니다. 광화문으로 가게 되면 청와대를 100% 개방하는 것도 불가능할 뿐 아니라 시민들에게 거의 재앙 수준이라고 봤습니다."

보안 문제도 걸림돌이었다. 윤석열의 전 참모였던 E의 설명이다.

"내부 의견 중 하나는 '만약 광화문 청사 주변에 큰 건물이 많고 미대사관도 있는데, 누가 트렁크에다 폭탄 싣고 그 건물 중 한 곳의

지하 주차장으로 간 뒤 터트리면 막을 방법이 없다'는 거였어요. 시민 불편 문제도 물론 중요했지만, 대통령에 대한 경호 문제가 내부에선 가장 큰 이슈였어요."

문재인 전 대통령과의 차별화를 위해 광화문을 피했다는 주장도 있다. 윤석열 정권 대통령실에서 일했던 F의 이야기다.

"문재인이 '광화문 시대'까지는 침을 발라놨거든. 기자들 관점에서 얘기하자면 '단독 기사'를 문재인이 썼다고. 윤석열이 그걸 베낄 수가 없으니 다른 곳을 물색하다가 용산을 낙점한 거지. 자기의 업

2025년 8월 19일 정부서울청사 별관 화물하역장에서 열린 을지연습 연계 '폭발물 테러 대응 훈련'에서 군 폭발물 처리반EOD 요원이 의심 물체가 든 바구니를 옮기고 있다.

적, 랜드마크나 브랜드 정도로 생각한 거야. '용산 시대를 연 윤석
열 정부'로 역사책에 남기고 싶었던 거야."

"용산 이전 결단의 진정성은 인정해야"
…尹 참모의 호소

서두의 인수위 핵심 인사 A는 다음과 같이 주장했다.

"서울 시내에 있는 정부 기관 등 후보지들을 거의 다 가봤어. 외교
안보연구원, 조달청, 전쟁기념관, 국립외교원, 연합사 부지, 국립
민속박물관 등등. 그런데 결론은 결국 주변에 넓은 땅이 있어야 한
다는 것이었고, 그렇다면 초이스가 용산밖에 없었던 거야. 용산에
는 100만 평의 공원이 있었으니까."

그렇다면 '도사'들이 영향을 미친 건 아니었다는 걸까. 그는 단언
했다.

"전혀 아니야. TF에서 검토 끝에 다른 대안이 없다는 이유로 용산
을 결정한 거야. 처음부터 위에서 찍어서 '용산으로 하라'고 내려
온 게 아니었어."

2022년 5월 10일 취임식을 마친 윤석열 대통령이 용산 대통령실 입성 직전에 직원들에게 인사말을 하고 있다.

F는 설사 무속의 개입이 있었다 하더라도 풍수를 보는 수준이었을 거라고 추측했다.

"용산 이전은 단순히 건물을 옮기는 게 아냐. 이게 역사적으로 보면 천도遷都라고. 사대문 밖, 옛날로 치면 한양 밖으로 궁宮을 옮기는 엄청난 일이잖아. 그러니까 그 과정에서 점을 보거나 자문했을 수는 있어. '천공의 가스라이팅' 같은 주장은 말도 안 되고, 백재권 같은 어느 정도 검증된 풍수 전문가에게 자문했을 수는 있지. 그 정도였을 거야."

그는 그러면서 '결단'의 진정성만큼은 인정해달라고 호소했다.

"윤 대통령이 '내가 청와대를 한번 가 보니까, 용산 이전 결정 전에 봤다면(청와대에서) 못 나왔겠다'고 했잖아. 청와대가 출퇴근 불편도 없고 보는 눈도 없고 그 안이 다 보안구역이잖아. 그리고 기자실이 있는 춘추관은 멀리 다른 건물에 있으니까 마음만 먹으면 완전히 왕놀이 할 수도 있지. 그런데도 윤 대통령이 용산에 간 데는 분명 불편을 감수한 자기희생 측면이 있었어. 그걸 감수한 건 인정해줘야 해."

"대통령실 옆 그 건물이 용의 통로래"… 미스터리 속 '웃픈' 루머들과 탄식

물론 "제왕적 대통령을 지양하겠다"면서 청와대를 국민에게 돌려준 건 분명 평가할 만한 대목이다. 그러나, 너무도 급작스러웠던 그 작업은 국민에게 많은 불편과 불안감을 안겼다. 이전 작업 역시 특별검사팀 수사 선상에 오를 정도로 불투명하기 짝이 없었다.

무속 의혹이 힘을 잃지 않고 있다는 건 여전히 그 이전 작업을 납득하지 못하는 이가 많다는 방증이다. 취재에 응한 당시 이전 관련자들도 이구동성으로 "용산 이전의 이유를 정확하게는 모른다"고 입을 모았다. E가 전해준 당시 대통령실 내부의 루머도 이런 혼

이태원 참사 3주기를 하루 앞둔 2025년 10월 28일 한 시민이 참사 발생 현장을
카메라로 찍고 있다. 이재명 정부는 대통령 집무실의 용산 이전이
이태원 참사의 한 원인이었다고 최근 발표했다.

란상을 엿보게 해준다.

"용산으로 급하게 튼 거 가지고 안에서도 말이 많았어요. 천공 사
무실이 용산 부지 근처에 있는데, 그거 때문이라는 말도 있었고요.
혹자는 '대통령실 옆에 있는 아모레퍼시픽 본사 건물 옥상이 뻥 뚫
린 구조인데 그게 용이 지나다니는 길이라서 용산으로 옮긴 것'이
라고 했어요. 뭐 말도 안 되는 여러 풍문만 무성했죠. 아무도 아는
사람이 없었어요. 진짜 미스터리였죠."

하지만 많은 이들의 의견이 일치하는 대목도 있다. 보수 진영 유

용산 대통령실과 멀지 않은 곳에
있는 아모레퍼시픽 본사 건물.
사진 | 아모레퍼시픽

력 인사인 G가 한숨을 내쉬면서 그들을 대변했다.

"정권 초반 국정 이슈가 '용산 이전'이라는 블랙홀에 다 빨려 들어
갔어. 원래대로라면 정권 초반에는 정책실이 한 축을 맡아 '세상이
이렇게 좋게 바뀌었습니다. 국민 여러분' 같은 식으로 생활밀착형
정책들을 빵빵 터뜨리고, 민정수석실이 또 다른 한 축을 맡아 사정
정국을 만든 뒤 전 정부 비리들을 밝히면서 지지 세력의 호응도를
높여야 하는 거야. 그런데 윤석열 정권은 용산 이전 이슈에 묻혀서
그 귀한 초반 몇 개월을 그냥 날려 버렸어."

21

김건희 다짜고짜 "한동훈 어때?"…
尹 당선 며칠 뒤 걸려온 전화

한동훈 1

"여보세요?"

2017년 7월의 어느 늦은 밤, 법무부 고위 간부 A의 전화기가 진동했다. A가 응대하자 발신자가 신분을 밝혔다.

"윤석열입니다."

그 자리에 오른 지 두 달 남짓 된 윤석열 서울중앙지검장이었다. 목소리에 알코올기가 배어 있었다.

서울중앙지검장으로 깜짝 발탁된 윤석열 전 대전고검 검사가
2017년 5월 22일 중앙지검 청사로 출근하고 있다.

A는 법무부·검찰에 차고 넘쳤던 윤석열의 '나이 어린 선배' 중 한 명이었다. 그리고 대부분의 동류同類처럼 윤석열과 상호 존대하던 사이였다.

"아 윤 형, 늦은 시간에 어쩐 일이세요? 술 한잔 하셨구먼요."

윤석열은 거두절미했다.

"그 친구 좀 주십시오."
"네?"

윤석열이 다시 한번 간곡하게 부탁했다.

"그 친구 꼭 필요합니다. 좀 주십시오."

'그 친구'는 윤석열이 신임 서울중앙지검 3차장검사로 점찍은 이였다.

서울중앙지검에는 당시 각 수사 부서들을 나눠 총괄하면서 검사장을 보좌하는 차장검사가 세 명 존재했다. 그중 3차장은 특수부나 강력부·금융조사부 등 소위 인지수사 부서를 총괄 지휘하는 핵심 보직이었다. '엘리트 특수통'이라면 누구나 탐내는 자리였고, 그만큼 경쟁이 치열했다.

윤석열은 A가 자신이 점찍은 3차장 후보의 인사에 반대하고 있다는 사실을 전해 들었다. 그리하여 그 늦은 밤 술기운을 빌려 다이얼을 돌렸다. 그가 들은 정보는 사실이었다. 그러나 A가 개인적인 원한이나 사감 때문에 그 인사를 반대한 건 아니었다. 취재팀과 마주 앉은 A가 당시를 회고했다.

"직전 3차장이 사법연수원 22기였는데 윤석열이 달라고 했던 그 친구는 27기였어. 단번에 다섯 기수나 내려가는 건 좀 심했어. 나는 그 선배들, 최소한 26기라도 먼저 시켜준 뒤에 아래로 내려가야 한다는 생각이었거든. 그래서 반대했던 거야. 그런데 당시 '문재인 청와대'에서 그런 검찰의 기수 문화를 깨고 싶어 했고, 윤석

2018년 4월 9일 이명박 전 대통령 사건 중간 수사 결과를 발표하는
한동훈 당시 서울중앙지검 3차장.

열도 그 친구를 너무 쓰고 싶어 해서 결국 내가 졌지."

'그 친구'는 한동훈이었다.

윤석열의 고집이 통한 덕택에 한동훈 당시 대검 부패범죄특별
수사단 2팀장은 2017년 8월 17일자로 중앙지검 3차장이 됐다.

한동훈은 '윤석열 시대'를 조망하면서 빼놓을 수 없는 인물이다.
중요도로 따지면 윤석열 전 대통령과 김건희 여사 바로 다음 자리
에 놓을 수 있을 정도다. 법무부 장관, 국민의힘 비대위원장, 국민의
힘 대표를 연이어 맡으며 윤석열 정권을 떠받치던 그는 어느 순간
윤석열과 강한 파열음을 내며 충돌했고, 끝내 비상계엄 해제와 탄

핵에 동참하면서 윤석열의 시대를 끝장냈다.

다만 그건 훗날의 일이다. 정권 출범 직후만 해도 그는 윤석열과 더없이 좋은 관계를 유지했다. 그 무렵을 다루면서 두 사람의 오랜 인연을 다시 한번 되돌아보는 이유다.

"그렇게 생긴 사람을 어떻게?"… 尹과 韓의 운명적 첫 만남

두 사람이 처음 인연을 맺은 건 2002년이었다. 전직 검찰 간부 B가 당시 상황을 설명했다.

"두 사람이 어디서 어떻게 처음 만났는지 궁금했지. 그래서 어느 날 한동훈한테 물어봤어. 그랬더니 '서울지검 형사9부 초임 검사 시절에 피의자 변호인이던 윤석열이 찾아와서 처음 인사했다'고 하더라고. 그때 윤석열은 잠시 검찰을 떠나 변호사로 활동하던 시절이었거든. '그 순간을 기억하느냐'고 한동훈에게 물었더니 '그렇게 생긴 사람을 어떻게 기억하지 않을 수 있겠어?'라고 답하더라고."

두 사람이 제대로 인연을 쌓기 시작한 건 2003년부터 2004년까지 존재했던 대검 중수부의 불법 대선자금 수사팀에서였다. 2002

2003년 3월 11일 SK 1차
수사 결과 발표 기자회견장
에서의 한동훈(맨 왼쪽).
초임 검사였던
그는 1조 원이 넘는 초대형
분식회계 사실을 밝혀내면서
두각을 나타내기 시작했다.

년 서울지검 형사9부의 1차 SK 수사에서 혁혁한 공을 세우며 두각
을 나타낸 한동훈은 이인규 당시 형사9부장과 함께 SK의 불법 대
선자금 제공 진술을 받아낸 장본인이기도 했다. 안대희 당시 대검
중수부장이 그 '판도라의 상자'를 열기로 결심하면서 한동훈은 이
인규 등과 2003년 11월 대선자금 수사팀에 합류했다. 거기에 윤석
열이 있었다.

윤석열은 체질에 안 맞는 변호사 생활을 1년 만에 접은 뒤 검찰
로 복귀해 광주지검 특수부에서 맹활약했다. 그런 그를 대학 동기
인 김수남 당시 중수3과장이 추천했고, 평생의 '멘토'가 되는 안대
희가 등용했다.

2003년 8월 대선자금 수사팀에 합류한 윤석열은 당시 여당이던

민주당을 표적으로 삼은 중수1과 중심의 세칭 '노무현팀'에 소속돼
있었다. 몇 달 뒤 합류한 한동훈 등 옛 서울지검 형사9부 인력들은
'대선기업수사팀'으로 불렸다. 대선자금 증여 측, 그러니까 대선자
금을 정치권에 건네준 것으로 의심받던 대기업들을 조사하는 업무
였다. 단순화하면 한동훈이 돈을 건넨 쪽을 조사해 그 결과를 넘기
면 윤석열이 그걸 토대로 돈을 받은 쪽을 '족치는' 시스템이었다.

한동훈은 거기서 회계 서류와 증거물 확보 및 해독에 강한 'X세
대 특수 검사'의 면모를 과시하면서 '으르고 타일러 자백 받아내기'
단계에 머물러 있던 윤석열 등의 선배 검사들을 단숨에 사로잡았
다. 이후 한동훈은 론스타 수사팀, 현대차 수사팀에서도 윤석열과
함께 일하면서 그의 보완재 노릇을 톡톡히 했다. 전직 검찰 간부 C
의 이야기다.

"윤석열도 수사를 잘하긴 했지만 주로 말로 수사하는 스타일이라
디테일이 약했어. 한동훈 같은 후배들이 세부 사항을 챙겨야 했지"

한동훈은 다른 측면에서도 요긴했다. 역시 C의 증언이다.

"한동훈은 술을 못 마시잖아. 그래서 회식이 끝나면 만취한 선배
들을 다 집에 모셔다드리고 퇴근했지. 그때는 지금처럼 대리운전
이 체계적으로 돼 있지 않았던 때니까 한동훈이 유용했어"

부산까지 韓을 배웅해준 尹,
'왕따'된 尹을 챙겨준 韓

2007년 한동훈이 부산지검으로 발령받았을 때 윤석열은 그와 동행해 부산까지 배웅했다. 그 유명한 '형님 리더십'의 발현이었다. 한동훈은 훗날 그 하행 길에 대해 주변인들에게 다음과 같이 말했다.

"그때 내가 차를 운전해서 내려갔는데, 윤석열 선배가 휴게소란 휴게소는 다 들르는 바람에 부산까지 10시간이나 걸렸어."

이후 두 사람은 한동안 각자의 길을 걸으며 착실히 성장했다. 수사력을 인정받게 된 윤석열은 대검 중수1과장, 서울중앙지검 특수1부장 등 특수통의 경로를 제대로 밟아나갔다. 한동훈은 청와대 민정수석실 파견 근무를 거쳐 법무부 검찰과 검사, 대검 정책기획과장 등 요직을 잇따라 맡으면서 엘리트 검사로서의 이력을 쌓았다.

그러다가 윤석열이 국정원 댓글 사건 수사 강행으로 박근혜 정권에 밉보여 지방으로 쫓겨났다. 워낙 정치적으로 민감한 사건이었기 때문에 윤석열과 친했던 검사들도 그때는 그를 멀리했다.

그때 의리를 지킨 게 한동훈이었다. 윤석열은 훗날 기자들에게 다음과 같이 말했다.

"이태원이나 남산 같은 데서 둘이 만나서 산책하곤 했지. '나랑 만

그들에게도 이런 시절은
있었다. 아니, 윤석열이
정치인이 되기 전까지만 해도
두 사람 관계의 거의 대부분은
이런 모습이었다. 사진 | 한동훈팬클럽

나면 네가 피해 보니까 만나지 말자'고 했는데도 동훈이는 개의치
않았어. 그런데 동훈이가 술을 안 먹으니 둘이 만나면 카페 같은
데서 차와 케이크를 먹곤 했는데, 나중에는 케이크 먹는 게 어찌나
힘들던지."

한동훈은 실제 윤석열과 가깝다는 이유로 박근혜 정권의 '블랙
리스트'에 오르기도 했다. 마침 서울중앙지검 부장으로 부임할 때
가 됐지만, 정권의 실력자가 "저놈은 윤석열과 친하니 '특'자 들어
가는 보직은 주지도 말라"고 하는 바람에 특수부장이 되지 못했다.
형사부장이 될 찰나 마침 공정거래조세조사부장직이 신설되면서
그 자리를 맡을 수 있었다. 거기서 그는 장세주 동국제강 회장을 구

318

윤석열 국정원 댓글사건 수사팀장이 2013년 국정감사장에서 윗선의 수사 무마 압력을 폭로하고 있다. "사람에게 충성하지 않는다"는 유명한 발언이 나온 바로 그 현장이다.

속하는 등 어지간한 특수부장 쯤 쪄먹을 정도의 화려한 실적을 쌓았다.

두 사람이 다시 한솥밥을 먹게 된 건 세상이 바뀐 뒤였다. 박근혜 정권이 몰락한 뒤 윤석열은 박근혜 특검팀 수석 파견검사가 됐고, 한동훈을 콕 집어 데려갔다. 이듬해 서울중앙지검장이 되자 서두의 민원을 통해 끝내 '한동훈 3차장'을 관철했다. 2019년 검찰총장이 된 뒤에도 그의 선택은 역시 한동훈이었다. 그리하여 한동훈은 '윤석열 검찰'에서 옛날로 치면 대검 중수부장인 대검 반부패강력부장이 됐다.

친윤계에서 한동훈을 '배은망덕'이라는 단어와 함께 언급할 때 늘 거명하는 사례들이다. 즉 윤석열이 늘 한동훈을 챙겨줬는데도

윤석열 박근혜 특검팀 수석 파견검사가 출근길에 기자들의 질문에 답하고 있다.

그가 그걸 망각한 채 윤석열과 맞섰다는 얘기다. 그런 시각에 대해 친한계 인사 D가 정면으로 반박했다.

"윤석열이 한동훈을 챙겨주고 키워줬다고? 전혀 아니야. 수사 성과를 내려면 한동훈이 꼭 필요하니까 데리고 다녔을 뿐이야. 윤석열이 한동훈을 키워준 게 아니라 한동훈이 윤석열을 백업하면서 검찰총장으로 만들어줬다는 게 더 진실에 부합하는 거야."

윤석열 검찰총장이 2019년 국정감사장에서
한동훈 대검 반부패강력부장의 답변을 경청하고 있다.

고진감래,
그리고 김건희의 전화

어쨌든 명콤비로 한 시대를 주름잡던 그들은 '조국 수사'를 계기로 '영광의 시대'를 마무리했다. 윤석열은 인사권과 수사지휘권을 모두 박탈당하면서 '식물 총장'이 됐다. 한동훈의 피해는 자심滋甚했다. 그는 초임 검사장이나 가던 부산고검 차장으로 좌천됐다. 추미애 법무부 장관은 그러고도 모자랐던지 그를 법무연수원 용인 분원과 진천 본원으로 잇따라 밀어냈다.

그게 전부가 아니었다. 한동훈은 이른바 '채널A 사건'이 터지면서 수사 대상이 됐고 압수수색까지 당하는 고초를 치러야 했다.

D가 당시 상황을 설명했다.

"미우나 고우나 문재인은 윤석열에 대한 애정이 있었어. 그래서 윤석열의 피해는 제한적이었어. 그 대신 한동훈이 '윤석열을 부추긴 세력'으로 지목되는 바람에 더 큰 피해를 봤지. 사실 윤석열은 한동훈이 고생할 때 도와준 것도 없어. 추미애가 '총장은 채널A 사건 수사에 개입하지 말라'고 지휘권을 발동했을 때도 슬그머니 수용하고 뒷전에 나앉아서 한동훈이 고생하는 걸 구경만 했잖아."

우군을 잃은 한동훈은 혼자 싸워야 했다. 그리고 그 싸움은 그를 정치인으로 만들었다. D가 당시 상황을 설명했다.

2020년 2월 13일 부산고검을 방문한 윤석열 검찰총장이 추미애 법무부 장관의 이른바 '대학살 인사' 때문에 부산고검 차장으로 쫓겨난 한동훈 전 대검 반부패강력부장과 악수하고 있다.

한동훈이 유시민 전 노무현재단 이사장 등을 구속하기 위해 채널A 기자와 모의했다는 내용의 MBC 보도. 고초의 시작이었다. 사진 | MBC 캡처

"그때 한동훈은 자신의 혐의를 반박하기 위해 여론전에 나서지 않을 수 없었어. 그래서 고비마다 기자들에게 자신의 입장을 담은 공개 메시지를 보내면서 당시 검찰정권과 싸웠지. 그러면서 '아, 나는 이제 어쩔 수 없이 정치의 영역으로 나아간 것이구나, 한쪽 진영의 대변자처럼 돼버렸으니 더는 검사로 일할 수 없겠구나' 싶더래."

한동훈의 고초는 '검언유착' 물증을 찾지 못한 검찰의 무혐의 결정, 그리고 윤석열의 대선 승리와 함께 종료됐다. 윤석열은 또다시 한동훈을 찾았다.

윤석열의 대선 승리로부터 불과 며칠 뒤의 일이다. 참모 E가 김건희 여사로부터 전화 한 통을 받았다. 김건희가 나지막하게 물었다.

"뭐 하나 물어볼게요. 법무부 장관으로 한동훈 어때요?"

E는 깜짝 놀랐다. 미처 생각해보지 못했지만 신선한 카드였다.

"한동훈요? 좋은데요. '서프라이즈'하기에 최고의 카드입니다."

그러나 김건희의 반응은 E의 예상 밖이었다. 김건희는 어쩐 일인지 잠시 침묵을 지키더니 가라앉은 목소리로 말을 이었다.

"그래요? 그러면 정식 발표 때까지 보안 꼭 좀 지켜주세요."

당시 김건희의 차분한 반응이 어떤 의미였는지 E가 알게 된 건 한참 뒤의 일이다. 어쨌든 E는 김건희의 지시에 따라 철저히 함구했다. 그리하여 세상은 2022년 4월 13일 한동훈이 인수위 사무실에 깜짝 등장해 윤석열 옆에 설 때까지 그 사실을 알지 못했다.

22

"김건희는 한동훈 싫어했어"
친한계가 전한 뜻밖의 이유

한동훈 2

"동훈아, 중앙지검장 하지 마."

"네?"

2022년 3월 한동훈 사법연수원 부원장이 전화를 받았다. 발신자는 선배 검사 A였다. 그는 밑도 끝도 없이 검사들이 선망하는 꿈의 보직, 서울중앙지검장을 언급했다. 게다가 한동훈에게 그 자리를 맡지 말라고 했다. 왜 그랬을까. A가 말을 이어나갔다.

"중앙지검장으로 바로 가지 말란 말이야. 적당한 재경지검이나 수

2020년 11월 3일 윤석열 당시 검찰총장 방문이 예정돼 있던 충북 진천 법무연수원 입구에 윤 총장과 한동훈 검사장 지지 화환이 놓여 있다. 법무연수원은 추미애 법무부 장관의 이른바 대학살 인사 이후 한 검사장의 세 번째 좌천지였다.

도권 지검 검사장으로 가서 일하다가 새 정권이 안착하는 거 같으면 그때 중앙지검장 해. 그게 너한테 좋아.”

그건 조언이었다. 때는 윤석열 국민의힘 대선 후보가 대선에서 승리해 대통령 당선인이 된 직후였다. 세상이 바뀌었다. 문재인 정권으로부터 윤석열과 함께, 때로는 윤석열보다 더 심하게 핍박받았던 한동훈의 수난시대가 바야흐로 종막을 고하고 있었다.

정치권과 법조계에서는 한동훈을 유력한 서울중앙지검장 후보로 거명하고 있었다. ‘조선 제일검檢’으로 불릴 정도로 뛰어난 수사력을 과시했던 그는 아닌 게 아니라 그 한국 최고, 최대 검찰청을 이끌 적임자였다.

A의 조언을 듣던 한동훈이 파안대소했다.

그렇게 한동훈이 겸양지덕을 발휘하는 동안 기자들은 머리를 싸맸다. 새 정권의 첫 내각 후보자 면면을 취재하던 그들은 인맥을 총동원하는 등 동분서주한 끝에 빈자리를 거의 다 채웠다. 그러나 마지막 공란을 메우지 못해 발을 동동 구르고 있었다. 법무부 장관 자리였다.

장제원 대통령 당선인 비서실장과 김대기 대통령 비서실장 내정자가
인수위원회 기자회견장에서 기자들과 대화면서 활짝 웃고 있다. 사진 | 인수위사진기자단

기자의 전화가 장제원 대통령 당선인 비서실장에 이르렀을 때였다.

기자의 하소연을 듣던 그는 크게 웃더니 놀리듯 한 마디를 내뱉었다.

한동훈 법무부 장관 후보자가 2022년 4월 13일 인수위에 들어서고 있다.

장제원의 말은 현실화했다. 한동훈이 신임 법무부 장관 내정자 자격으로 윤석열과 함께 인수위 단상에 올랐던 2022년 4월 13일 오전까지 그의 이름을 거명한 언론사는 단 한 곳도 없었다. 그가 모습을 드러낸 순간 기자석에서는 탄식이 터져 나왔다.

물론 그가 새 정권에서 중요한 역할을 할 거라는 건 모두가 알고 있었다. 그러나 그 역할이 서울중앙지검장이나 검찰총장이 아니라 법무부 장관일 거라 생각한 이는 극히 드물었다.

"韓이 얼마나 웃었을까?"…
모두가 놀란 깜짝 인사

가장 나중에 베일을 벗은 그의 인사는 그러나, 가장 먼저 확정된 인사였다. 앞서 등장했던 윤석열 정권 참모 E, 즉 대선 승리 며칠 뒤 김건희 여사로부터 한동훈 인사 관련 문의 전화를 받았던 그는 취재팀에 다음과 같이 말했다.

"윤석열 정부 내각에서 가장 먼저 정해진 게 한동훈이었어. 윤석열 당선인의 의지였지. 그랬는데 보안은 제일 늦게까지 지켜졌어."

한동훈 법무부 장관 인사가 새 정권 첫 내각 발표의 '깜짝 하이라이트'가 될 수 있었던 이유다.

최근 취재팀과 마주 앉은 A는 그때를 회고하면서 너털웃음을 터뜨렸다.

"내가 나름대로 조언이랍시고 한동훈한테 중앙지검장 바로 가지 말라고 했거든. 그때 한동훈이 자기가 무슨 중앙지검장이냐며 손사래를 쳤는데 얼마 뒤에 법무부 장관이 되더라. 검찰총장도 아니고 법무부 장관. 그때 내 말 들으면서 속으로 얼마나 웃었을까."

그건 A의 잘못이 아니었다. 앞서 언급한 대로 그가 법무부 장관이 될 거라 짐작한 이는 극히 드물었다. 중앙일보 2022년 4월 15일자 8면 기사에는 다음과 같은 '윤핵관'의 탄식이 담겨 있었다.

"나도 발표 당일 아침에서야 알았어. 윤 당선인이 나한테도 미리 말을 안 해 줬어." (권성동 당시 원내대표)

이런 내용도 나온다.

이와 관련, 당선인의 핵심으로 통하는 한 참모는 지난주 장제원 당선인 비서실장에게 "법무부 장관은 대체 누가 되는 거냐"고 물었지만, 장 실장은 "당선인께서 맡겨달라고만 하신다"고 답했다고 한다. 이 참모는 "너무 궁

2022년 4월 27일 국회에서 '검수완박' 법안 관련 무제한 토론(필리버스터)을 하고 있는
권성동 당시 국민의힘 원내대표. 그는 윤석열 정권 초기 윤핵관 중의 윤핵관으로 맹활약했다.

금해 며칠 뒤 윤 당선인을 직접 찾아가 물어봤지만 별다른 답을 듣지 못했
다"고 전했다.

그 장제원조차 꽤 오랫동안 몰랐을 정도다. 인수위 초기 인사 작
업을 했던 B의 이야기다.

"장제원도 한동안 몰랐어. 당선인이 마음속으로 찍어둔 사람이 있
다고만 알고 있었어. 그런데 그때 갑자기 한동훈이 떠오르더라고.
그래서 '혹시 한동훈 아닐까' 했더니 장제원도 그제야 '아 그런가.
맞다. 한동훈인가 보다'라고 하더라고."

보은? 후계자?…
尹은 왜 韓을 장관으로 만들었을까

그렇다면 왜 윤석열은 한동훈을 서울중앙지검장이나 검찰총장이 아니라 법무부 장관 자리에 앉혔을까. 역시 중앙일보 2022년 4월 15일자 기사에 다음과 같은 친윤계 인사의 증언이 등장한다.

"'한동훈을 서울중앙지검장에 앉히고 싶으냐'고 물었어. 그런데 당선인이 '한동훈처럼 똑똑한 사람이 중앙지검장을 맡으면 좋지. 다만 한동훈은 더 잘 키워야 할 사람이다. 왜 그에게 칼잡이를 맡기냐, 칼잡이는 다른 사람에게 맡겨도 된다'고 말했어."

과연 그 발언은 진실이었을까. 윤석열에게 다른 속내는 없었을까. 이와 관련해 당시 권력 주변에 있었던 사람들은 취재팀에 다양한 의견을 전했다.

일단 보은 차원에서 세간의 예상보다 더 높은 자리를 줬을 가능성이 제기됐다. 자신 때문에 고초를 겪은 데 대한 미안함, 그리고 대권을 거머쥐는 데 있어서 한동훈이 세운 공을 두루 고려했다는 주장이다.

친한계 인사 C가 전해준 이야기다.

"한동훈이 사실상 윤석열을 대리해 고초를 겪었고, 그 고초 역시 윤석열 당선의 밑거름이 됐으니 보상해주는 건 인지상정 아니겠어. 게다가 한동훈이 아주 결정적인 공을 세운 게 있었어. 윤석열이 2021년 3월 4일에 검찰총장을 그만뒀잖아. 그때 '정치를 하려면 지금 나가야 한다'고 조언한 게 바로 한동훈이었어."

그가 부연 설명을 이어갔다.

"윤석열은 원래 2021년 7월까지였던 총장 임기를 다 마치고 싶어 했거든. 그런데 최강욱 전 의원 같은 당시 범민주당 강경파들이 무엇을 하려고 했지? 퇴직 검사 공직 출마 제한 기간을 1년으로 늘리려 했잖아. 대선일이 이듬해 3월 6일이었어. 만일 사퇴일이 며칠만 더 늦었더라면, 그리고 그 상황에서 그 제도가 시행됐다면 윤석열은 아예 20대 대선에 출마할 수도 없었어. 대통령이 될 수 없었다는 말이야."

아예 그 인사를 통해 '후계자' 표식을 남긴 거라는 의견도 있다. 중앙일보 2025년 4월 7일자 8면 기사에는 윤석열이 대선 승리 직후 한 윤핵관에게 '한동훈을 만나 (법무부 장관으로 적임인지) 평가를 해보라'고 주문했다는 내용이 나온다. 기사에 따르면 윤석열은 그렇게 주문한 뒤 다음과 같이 덧붙였다.

"서로 도움이 될 테니 한동훈과 잘 지내봐."

2022년 5월 26일 윤석열 대통령과 한동훈 법무부 장관이 국무위원 임명장 수여식 직후 기념촬영을 하고 있다. 사진 | 대통령실사진기자단

무슨 의미였을까. 다음은 기사에 등장하는 그 윤핵관의 해석이다.

"대통령은 한동훈도 드라마를 만든다면 차기 대통령 후보가 될 수 있다고 본 것 같아."

4월 15일자 기사에 등장한 윤석열의 공식 멘트, 즉 '한동훈은 더 잘 키워야 할 사람이다'라는 말 역시 되짚어보면 같은 맥락이었을 수 있다. 실제 법무부 장관에 이어 국민의힘 비대위원장으로 한동훈을 세울 때까지는 그런 정황이 엿보였다.

그러나 윤석열의 변호사로 활동했던 D는 '보은론'이나 '후계자론'에 대해 고개를 가로저었다.

"사실 윤석열은 알려진 것과 달리 사람들을 잘 챙기는 스타일이 아니야. 한동훈을 법무부 장관 시킨 것도 '고생했으니 자리 하나 챙겨주마' 차원이 아니었어. 그저 '검수완박' 국면에서 국회에 나가 전투적으로 대응할 적임자라고 생각해서 발탁한 거야."

한마디로 과거 박근혜 특검팀, 서울중앙지검, 대검에 그를 수하로 데리고 갔던 것처럼 그의 능력이 필요했을 뿐이라는 얘기다. 전직 검찰 간부 F의 의견도 비슷하다.

"윤석열이 한동훈을 법무부 장관 시킨 건 충분히 그럴 만했다고 봐. 검찰총장? 검사 본인 입장에서야 장관보다 총장을 하는 게 더 좋지. 그런데 총장은 공식적으로 대통령을 돕는 자리가 아니잖아. 대놓고 대통령을 도와줄 수 있는 자리가 법무부 장관이야. 실제로 한동훈이 국회에 나가서 윤석열 대신 싸우면서 많이 도와줬지."

"도이치 사건 말아먹어줘!"… 불순한 동기?

법조계나 정치권 일각에서는 그 인사의 동기가 순수하지 않았다

336

국내 최대 검찰청인 서울중앙지검.

는 견해도 나온다. 기사 서두에 등장한 선배 검사 A의 관측이다.

"중앙지검장 같은 거 시켜주면 한동훈의 성정상 정권에 반하는 수사를 할 수도 있다고 생각했을 거야. 그래서 바로 장관으로 직행시켰다고 봐."

친한계 인사 C의 전언도 비슷하다.

"처음에 한동훈이 중앙지검장 하마평에도 올랐는데, 장제원이 '한동훈한테 칼 주면 안 된다'면서 적극적으로 반대했다는 거야. 그런

337

생각을 했던 게 어디 장제원뿐이었겠어?"

"동기가 불순했다"는 측은 그 인사와 도이치모터스 주가 조작 의혹 사건을 연결하기도 했다. 윤석열의 검찰총장 청문회 무렵부터 불거진 그 사건은 윤석열이 문재인 정권과 척을 진 뒤 문재인 검찰이 끈질기게 파헤쳤다. 문재인 검찰은 끝내 김건희 여사의 주가 조작 관여 물증을 찾아내지 못했지만, 그렇다고 무혐의 처분을 내리지도 않았다. 윤석열이 정권을 거머쥐었다고는 해도 그걸 그대로 방치했다가는 두고두고 위험한 뇌관이 될 수 있었다. 역시 C의 이야기다.

"한동훈 법무부 장관 시킨 거? 그거 한동훈 보고 법무부 가서 김건희 주가 조작 사건을 무혐의 종결하라는 의미였어. 실제로 한동훈이 장관이던 시절 윤석열 부부 쪽에서 몇 번이나 무혐의 종결하라는 시그널이 왔었어. '이 사건 네가 말아먹어줘'라는 뉘앙스를 풍기면서 말이야.

C의 주장이 맞는다고 가정한다면 윤석열은 결국 그 목표를 달성하는 데 실패했다.

"도이치 수사는 불법 수사인데, 사악한 한동훈이 2년째 (수사를) 끌고 있다."

도이치모터스 사건은 윤석열 정권 출범 이후에도 야당의 지속적인 공세 대상이 됐다.
2022년 9월 19일 정치 분야 대정부질문에서 야당 의원들이 김건희 여사와
증권사 직원 간 통화 내용을 근거로 의혹을 제기하고 있다.

내란특검팀이 지난 2025년 11월 13일 한동훈의 후임자인 박성재 전 법무부 장관 영장실질심사 때 "윤석열이 박성재에게 보낸 것"이라며 공개한 문자 메시지 내용이다. 도이치모터스 사건, 즉 김건희 무혐의 처분 보류와 관련해 윤석열이 한동훈에게 품고 있었던 불만을 노골적으로 보여준다.

"김건희가 챙겼다" vs "여사는 韓 싫어했다!"

김건희가 언급된 김에 김건희와 한동훈의 관계에 대한 세간의

김건희 여사와 한동훈 전 국민의힘 대표는 2024년 총선을 전후해 강한 파열음을 낸다.
사진 | 대통령실사진기자단

소문과 그 진위도 한번 따져보자. 김건희가 한동훈을 동생처럼 여기며 챙겨줬다는 소문은 과연 사실일까. 한동훈에게 법무부 장관 자리를 준 게 김건희였다는 루머는 또 어떨까. 윤석열의 '멘토' 중 한 명인 G는 그런 소문에 동의하는 편이다.

"한동훈이 장관 되고 당 대표 되고 한 건 내가 봤을 때 김건희의 인사야. 윤석열 인사였으면 한동훈을 중앙지검장이나 검찰총장 시켰을 거야. 내가 듣기로 김건희가 그런 자리를 챙겨주길 원했다고 해. 한동훈과 김건희는 나이도 거의 같고 서로 잘 아는 사이야."

이런 관측에 대해 친한계 C는 "말도 안 된다"고 손사래 쳤다.

"김건희가 한동훈을 챙겨줘? 한동훈과 김건희는 서로 사이가 안 좋았어. 사람들 얘기 들어보면 윤석열과 공적인 이야기하는 자리에 김건희가 버젓이 배석했다는 말이 많이 나오잖아. 상당수는 '왜 김건희가 여기 있는 거야'라고 생각하면서도 그냥 넘어갔지만, 한동훈은 그냥 넘기지 않았어. 김건희가 있는 자리에서는 공적인 이야기를 아예 안 해버렸어. 그래서 김건희가 한동훈을 안 좋아했어."

C가 그다음에 내놓은 이야기는 의미심장했다.

"웃기는 얘기지만 김건희가 사실 한동훈을 은근히 정치적 경쟁자로 여긴 측면도 있었어. 그런데 챙겨주긴 뭘 챙겨줘. 법무부 장관 인사는 명백하게 윤석열의 인사였어."

어떤 주장이 더 진실에 부합할까. 대선 승리 직후 김건희가 전화 걸어 한동훈 인사에 대해 조언을 구했다는 참모 E는 취재팀에 다음과 같이 말했다.

"그때 내가 통화한 '여사'의 뉘앙스는 한동훈을 싫어하는 것 같은 뉘앙스였어. 한참 지난 뒤에 하도 궁금해서 여사한테 '그 당시에 한동훈 법무부 장관 인사를 찬성했느냐, 반대했느냐'고 물어봤지. 그랬더니 여사가 '반대했다. 그런데 대통령이 밀어붙였다'고 하더라고."

E는 그러면서도 한 마디를 덧붙였다.

"다만 여사가 정권 초기 한동훈을 챙긴 측면이 있었던 건 맞아. 비대위원장 뽑을 때 한동훈을 적극적으로 밀었던 것도 여사였어. 법무부 장관 반대했던 건 한동훈이 싫어서라기보다 그 자리가 좀 과하다는 취지였던 거 같아."

'깜짝 스타' 한동훈의 등장은 윤석열 정권 출범의 본격 신호탄이기도 했다. 그야말로 다사다난했던 대통령직 인수위는 2022년 5월 6일 윤석열의 어퍼컷 세리머니와 함께 해단했다.

윤석열은 그로부터 나흘 뒤인 2022년 5월 10일 제20대 대통령으로 취임해 '5년'일 줄 알았던 임기를 시작했다.

실록 윤석열 시대

초판 1쇄 2025년 12월 24일
　　 2쇄 2026년 1월 12일

글 박진석 현일훈 김기정

발행인 박장희
대표이사 겸 제작총괄 신용호
본부장 이정아
책임편집 서정욱
기획위원 박정호
마케팅 김주희 이현지 한륜아 이나경
디자인 어나더페이퍼
표지이미지 허윤주

발행처 중앙일보에스㈜
주소 (03909) 서울 마포구 상암산로 48-6
등록 2008년 1월 25일 제2014-000178호
문의 jbooks@joongang.co.kr
홈페이지 jbooks.joins.com
인스타그램 @j__books

ⓒ박진석 현일훈 김기정, 2025

ISBN 978-89-278-8143-8 03340